# ALLES ÜBER MEHNDI

## BODYPAINTING MIT HENNA

LORETTA ROOME

# ALLES ÜBER MEHNDI

## Bodypainting mit Henna

Wie man die Hennapaste herstellt,

die traditionellen Muster bei sich und anderen aufträgt,

eigene Muster entwirft, das Mehndi pflegt,

seine rituelle und spirituelle Bedeutung versteht

Übersetzt aus dem Englischen von Tatjana Kruse

SCHERZ

Die Originalausgabe erschien unter dem Titel
«Mehndi – The Timeless Art of Henna Painting» bei St. Martin's Griffin, New York

1. Auflage 1999
Copyright © 1998 by Loretta Roome
Alle deutschsprachigen Rechte beim Scherz Verlag, Bern, München, Wien.
Alle Rechte der Vervielfältigung, auch durch Funk, Fernsehen, fotomechanische Wiedergabe,
Tonträger jeder Art und auszugsweisen Nachdruck, sind vorbehalten.
Umschlaggestaltung: Bachmann & Seidel unter Verwendung der Fotos von Tracey Eller
und der Bildagentur Picture Press, Hamburg

Was ich euch sage, ist kein Geheimnis.
Das Geheimnis ist in euch.
*Fa-Yen*

# INHALT

Mit diesem Buch will ich den Leserinnen und Lesern genau das an die Hand geben, was ich selbst in Buchhandlungen und Bibliotheken suchte, als mich die Henna-Malerei zum ersten Mal faszinierte. Ich wollte so vieles wissen. Im letzten Jahr habe ich immer wieder dieselben Fragen gehört: Kann ich das auch? Wenn ja, wie? Wo kann ich es machen lassen? Ist es wirklich gut für mich? Woher stammt es, und worum geht es da eigentlich? Handelt es sich dabei um dasselbe Henna, das auch zum Haarefärben verwendet wird?

Wie alle anderen suchte ich nach einigen grundlegenden Informationen, denn das ganze Thema war merkwürdig flüchtig. Schon bald erkannte ich, daß die Suche nach Informationen über Mehndi ebenso interessant war wie die Kunst selbst.

Das Thema ist ungeheuer komplex, und viele Dinge spielen da hinein: Frauen, Erotik, Mystik, Privatsphäre, Religion, heilige Rituale und Zeremonien, Liebe und Ehe, alte Volksbräuche und Aberglaube.

Je weiter ich vordrang, desto klarer wurde mir: Man muß sich einlassen auf Mehndi, wenn man die Bedeutung dieser Kunst wirklich erfassen will.

In seinem Buch *The Art of Rajasthan* forderte Jogendra Saksena 1951 die Menschen in Indien leidenschaftlich dazu auf, diese seltene Kunst zu erhalten und sie vor der Auslöschung zu bewahren. Er schrieb: «Nur wenn das, was im Verborgenen liegt und von Geheimnissen umgeben ist, deutlich erklärt wird, kann man die Menschen von seinem Wert und seiner Nützlichkeit überzeugen.»

Mit diesem Buch will ich Ihnen das vermitteln, was ich

herausfinden konnte. Mehndi hat für die meisten, die es praktizieren, eine so tiefe und persönliche Bedeutung, daß ich mir bewußt bin, wieviel Glück ich hatte, jemanden zu finden, der es mir erklären konnte und wollte. Rani Patel ist eine außergewöhnliche Frau, und ihr Wissen und ihre Vertrautheit mit diesem Medium öffneten mir ein Fenster mitten ins Herz seiner Bedeutung. Meine Neugier und ihre Erfahrung paßten gut zusammen, aber ebenso wichtig waren die Vision und die Großzügigkeit der sieben wunderbaren Fotografen und Fotografinnen, die von Anfang an bei diesem Projekt mitgemacht haben.

Im Klappentext zu Saksenas Buch stehen viele schmeichelnde Kommentare und Rezensionen. Die oberste Bemerkung stammt von Dr. Stella Kramrisch und ist über zwanzig Jahre alt. Sie lautet:

> Das temporeiche, mechanisierte Leben der Gegenwart hat wenig Zeit für solche rituellen, visuellen Akte. Die Ausübung [des Mehndi] wird nicht überdauern. Doch das Wissen darum sollte ebenso verbreitet werden wie das um die großen Baudenkmäler Indiens…

Die Ausübung von Mehndi hat überdauert. Ich hoffe sehr, daß dieses Buch eine kleine Rolle in der zeitlosen Geschichte des Mehndi spielen wird.

# WAS IST MEHNDI?

## 1. KAPITEL

*Mehndi* ist ein Hindu-Wort und bedeutet soviel wie Henna, Henna-Bemalung und alles, was daraus resultiert. Henna ist eine Pflanze, die uns als Naturprodukt zur Färbung und Pflege des Haares am geläufigsten ist. Die Henna-Bemalung ist eine uralte kosmetische und heilende Kunstform, bei der die getrockneten Blätter der Hennapflanze zu Pulver zerrieben und anschließend zu einer Paste verarbeitet werden. Diese wird auf die Haut aufgetragen, wo sie an der Luft trocknet. Der Farbauftrag erfolgt in kunstvollen Mustern und Formen, traditionellerweise auf Händen und Füßen. Das Ergebnis ist eine Art zeitweiliger Tätowierung, häufig von roter Färbung, die mehrere Tage oder sogar mehrere Wochen hält. Der Vorgang ist völlig schmerzlos und schadet der Haut in keinster Weise. Im Gegenteil, Henna verschönert den Körper nicht nur, sondern übt angeblich sogar eine positive Wirkung auf die Haut aus.

Mehndi findet sich in vielen Teilen der Welt – von den Wüsten Nordafrikas bis hin zu den Dörfern Nordindiens. Seit Tausenden von Jahren erblühen und verblassen herrliche Muster auf den Händen und Füßen von Frauen. Meistens werden sie mit romantischer Liebe oder Eheschließungsritualen in Verbindung gebracht. Henna-Muster sind fester Bestandteil des Brautschmucks bei den Hindus, Moslems und den Sephardim.

Mehndi ist eine Kunstform, die üblicherweise ausschließlich von Frauen ausgeübt wird. In Nordafrika, Asien, dem Nahen Osten und jeder indischen oder muslimischen Gemeinschaft finden sich Frauen, die sich mit Henna schmücken. Es wird weitestgehend in mündlicher Überlieferung gelehrt, und die Rezepte und Bildvorlagen werden von einer Generation an die nächste weitergegeben. Mit Henna-Motiven feiert man im Osten besondere Anlässe, wie man im Westen einen Kuchen backt oder ein bestimmtes Feiertagsgericht zubereitet. Während Mehndi als fester Bestandteil des dortigen Lebens durchaus von einer Aura der Festlichkeit und des Wohlbefindens umgeben ist, existiert aber auch noch die heilige Form des Mehndi, die den Körper nicht einfach nur verschönern, sondern außerdem göttliche Gnade und Glück für das Heim, die Ehe und die Familie sichern soll. Es ist eine Art Talisman, ein Segen, den man auf der Haut trägt.

Die Henna-Bemalung in ihrer reinsten Form erfolgt hauptsächlich improvisiert und intuitiv. Aus uralten Symbolen und Motiven bedient sich die Künstlerin nach Lust und Laune. Großer Wert wird dabei auf die Einzigartigkeit und Originalität jeder Interpretation gelegt.

Bei dieser Kunstform ging es immer schon um die Verschmelzung von Individualität und Tradition. Sie breitete sich über Tausende von Jahren langsam von einer Kultur zur anderen aus und nahm mit jedem Wandel eine neue Bedeutung an. Heute werden wir Teil dieser Evolution. Wir entdecken für uns selbst, was Mehndi in unserer Zeit bedeutet.

## DIE HENNA-PFLANZE

*Henna* ist der persische Name für einen kleinen Strauch (*Lawsonia inermis*), der mittlerweile in viele Sprachen Eingang gefunden hat. Ursprünglich ist der Strauch in Australien, Asien und entlang der Mittelmeerküste Nordafrikas beheimatet. Man kennt ihn auch als Mignonette-Baum oder Ägyptischen Liguster. Als Zierstrauch findet er sich in den subtropischen Regionen der Vereinigten Staaten und in vielen Ländern der Welt. Der Strauch wächst zu einer Höhe von zwei bis drei Metern heran und umgibt als Hecke häufig Gärten, Höfe oder Häuser in Indien. Die Blüten des Henna-Strauches sind klein, mit vier Blättern von weißer Farbe und süßem Geruch. Obwohl Henna im tropischen Klima heimisch ist, gedeiht er auch in Gewächshäusern und ist daher überall erhältlich.

Der Henna-Strauch kommt in verschiedenen Arten vor. Allein in Nordindien gibt es zwei wichtige Vertreter der Henna-Pflanze: eine hat sehr große Blätter und heißt *Hina menhadi* beziehungsweise *manhada*. Die andere, unter dem Namen *Rajani* bekannt, besitzt kleinere, duftintensivere Blätter und gibt eine hellere Farbe.

Weil in Indien so viele verschiedene Dialekte existieren, finden sich außer *Mehndi* viele verschiedene Begriffe für Henna: *Menhadi, Mehendi, Mehedi, Mendi* und in Sanskrit *Mendika*, um nur einige wenige zu nennen.

# DIE ZAHLREICHEN
# EINSATZMÖGLICHKEITEN
# VON HENNA

Die meisten Menschen im Westen kennen Henna in erster Linie als Haarfärbemittel. Aber in Indien und Nordafrika besitzt es seit alters her einen guten Ruf wegen seiner medizinischen Eigenschaften und dient zahlreichen anderen Zwecken. Es wirkt antiseptisch und blutstillend und wird oft auf Prellungen und Verstauchungen aufgetragen, außerdem auf Verbrennungen, Geschwüre und offene Wunden. Man behandelt damit Kopfgrind sowie Kopfschmerzen, Schweißhände, brennende Füße und Fußpilz. Wegen seiner kühlenden Wirkung auf die Haut gibt man fieberkranken Kindern einen Ball mit Henna-Paste in die Hand, um die Temperatur zu senken. Ein Extrakt aus Henna-Blättern, die in kochendes Wasser gegeben werden, wird bei rauhem Hals gegurgelt oder innerlich als Tonikum sowie gegen Magenschmerzen eingenommen. Die Rinde der Henna-Pflanze wird gegen Gelbsucht, Milzvergrößerung und diverse Hautkrankheiten eingesetzt.

Als Kosmetikum soll Henna Haar und Haut stärken und vitalisieren und wird häufig verwendet, um weißen Haaren einen dunkleren Farbton zu verleihen. Angeblich tötet es Läuse und verhindert Haarausfall. Außerdem wird es als Deodorant benützt, da es der Schweißbildung vorbeugt.

Abgesehen von seinen kosmetischen und medizinischen Funktionen färbt man mit Henna seit langem Leder und Stoffe, außerdem die Hufe und die Mähnen von Pferden. (Eine der Theorien über den Ursprung des Mehndi besagt, Henna sei mit den persischen Pferden im Jahr 712 nach Indien gekommen.) Auch das zeremonielle Bemalen von Wänden, Tieren und Figuren mit Henna ist gebräuchlich.

# DIE URSPRÜNGE DES MEHNDI

Mehndi gibt es seit undenklichen Zeiten. Es ist so alt und in so vielen verschiedenen Kulturen mythologisch verwurzelt, daß es schwerfällt, Ursprungsort und -zeit tatsächlich zu bestimmen.

Der kosmetische Einsatz von Henna läßt sich zum ersten Mal im alten Ägypten nachweisen. Bei den Ägypterinnen war es üblich, die Fingernägel mit Henna rot zu färben, und es galt als unschicklich, das nicht zu tun. Spuren von Henna fanden sich auf den Händen ägyptischer Mumien, die bis zu 5000 Jahre alt sind.

Vieles deutet darauf hin, daß der Henna-Strauch ein Geschenk von Ägypten an Indien war. Seit Jahrhunderten wird Mehndi in Indien praktiziert, wie man an den Höhlenzeichnungen von Ajanta und Allora sieht, wo eine ruhende Prinzessin von Dienerinnen umgeben ist, die ihre Hände und Füße mit kunstvollen Henna-Mustern bemalen.

Henna soll auch unter den Hebräerinnen als Kosmetikum sehr beliebt gewesen sein und wird auch in der Bibel erwähnt.

Im Islam wird Henna schon seit Jahrhunderten verwendet. Der Prophet Mohammed färbte mit Henna seinen Bart – eine Mode, die von den Kalifen übernommen wurde. Obwohl das Bemalen von Händen und Füßen mit Henna auch bei muslimischen Frauen beliebt ist, wurde es wohl erst während der Mogul-Ära eingeführt, als Tausende von Hindus zum Islam übertraten. Möglicherweise war es die starke Präsenz der islamischen Tradition im Nahen Osten und in Nordafrika, die zur Verbreitung der Henna-Bemalung bis hin nach Marokko beitrug, wo sie selbst heute noch ein ebenso wichtiger Bestandteil gesellschaftlicher Riten und Feierlichkeiten ist wie in Indien.

# HENNA UND SEIN MYTHOS

Es gibt im indischen Vokabular kein Wort für «Mythos». Die Begriffe *Divya-katha* (göttliche Erzählung) oder *Pura-katha* (uralte Sage) werden abwechselnd verwendet. Es gibt keine scharfe Trennung zwischen Mythos und Realität, wie das im Westen der Fall ist.

Im Divya-katha wird die Henna-Bemalung in Zusammenhang mit Shiva, einem der mächtigsten Hindu-Götter, genannt. Laut der Sage schmückte sich seine Gefährtin Parvati mit Henna, um ihm zu gefallen und seine Gunst zu gewinnen. Er reagierte prompt auf ihren Zauber, und weil er als Ehemann überaus schwer zufriedenzustellen war, gewann Mehndi dadurch den Ruf, unwiderstehlich zu sein und eheliche Fruchtbarkeit herbeizurufen. Das mag mit ein Grund sein, warum man glaubt, daß Mehndi den Göttern wohlgefällt und eine derart geschmückte Frau die Götter für sich einnehmen kann, um somit sich und ihre Familie vor Unglück zu schützen.

Mehndi ist viel mehr als nur Farbe auf der Haut. Vielleicht trifft gerade dieser Mythos den Kern seiner Geschichte, denn er zeigt die wahre Aufgabe von Mehndi: verführen, schützen und feiern. Aber warum Henna, selbst für die Göttin Parvati?

Mohamed Elmaarouf, gebürtiger Marokkaner und eine Autorität in Sachen marokkanische Kultur und Geschichte, pflegt zu sagen: «Es ist eine magische Pflanze.» Das ist keine Übertreibung. Henna ist eine Pflanze mit der Kraft zur Verwandlung. Mit ihren winzigen duftenden Blüten und grünen Blättern muß sie für die Menschen des Altertums ein wahres Wunder gewesen sein, denn die so durchschnittlich wirkenden Blätter waren ein rotes Färbemittel (und noch dazu ein sehr starkes), das darüber hinaus auch noch heilende und kühlende Eigenschaften besaß. Kein Wunder, daß mit Henna eine der wundersamsten Verwandlungen der Menschheit gefeiert und gesegnet wird: die Metamorphose von Mann und Frau zu Ehemann und Ehefrau.

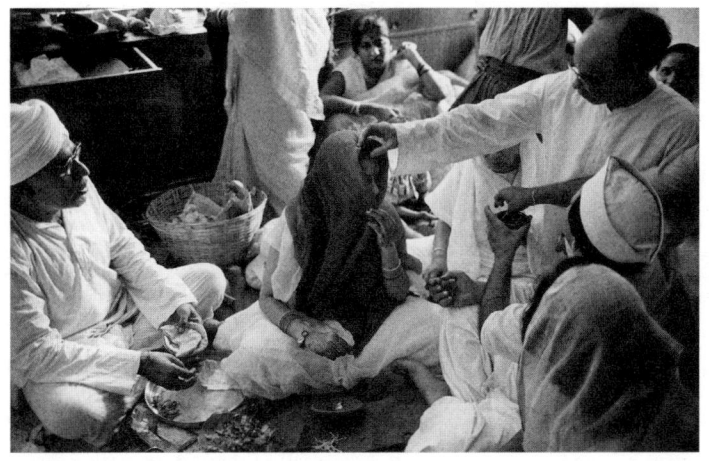

# RITUELLE URSPRÜNGE

Trotz der Vielzahl der Kulturen, in denen die Henna-Bemalung ausgeübt wird, bleibt die Hauptnutzung dieselbe, und die besteht darin, Hände und Füße der Braut (und bisweilen auch die des Bräutigams) für die Hochzeitszeremonie zu schmücken.

Eine Theorie hinsichtlich des Ursprungs der Henna-Bemalung als festen Ritus knüpft eine Verbindung zu der Entjungferung der Braut und der dabei auftretenden Blutung. Diese Verbindung wird weniger abstrakt, wenn man an die Farbe von Henna denkt und daran, wie lange es in Relation zum Menstruationszyklus auf der Haut verbleibt. Eine weitere Erklärung findet sich in der Lyrik und im Sagenschatz Indiens, wo Mehndi oft als Liebessaft bezeichnet wird.

Mehndi verkörpert ein *Samskara*, einen Übergangsritus im Leben der Frau. In der klassischen indischen Tradition gibt es keine formelle Zeremonie beim Eintritt in die Pubertät, um die Reife eines jungen Mädchens zu feiern. Dieser Zeitpunkt fällt für gewöhnlich mit der Eheschließung zusammen. Daher

*Für eine junge Frau ist die Ehe eine zweite Geburt, denn in den patrilinearen Gesellschaften Indiens übernimmt sie den Namen ihres Ehemannes, schließt sich seiner Sippe an und lebt mit seiner Familie. Die Vorbereitungen zur Eheschließung symbolisieren diesen neuen Status, indem das Erscheinungsbild – vornehmlich das der Braut, aber auch das des Bräutigams – verändert wird. Dies geschieht durch rituelle Waschungen, neue Kleider und Körperschmuck.*
JOGENDRA SAKSENA
IN *THE ART OF RAJASTHAN*

wird Mehndi mit der sexuellen Initiation zur Frau assoziiert, ebenso wie mit der Vereinigung von Mann und Frau.

Bei diesem Ritual geht es in erster Linie um Verwandlung. Das Mädchen, das zur Braut wird, steht an der Schwelle zu einer neuen Existenz. Die Vereinigung von Mann und Frau im Bund der Ehe «verkörpert die kreative Aktivität, die das Universum hervorgebracht hat» (Richard Kurin in *Aditi – The Living Art of India*). Wenn ein Mädchen durch die Eheschließung die Initiation zur Frau erfährt, entfaltet sich vor ihr das Reich der Sexualität, wie es auch mit Hilfe des Henna geschieht. Wie der Liebesakt selbst wird die Körperbemalung Teil ihrer Ausdrucksmöglichkeiten. Sie wird bei jedem Fest, bei jeder Feier neu zelebriert. Die Frau wird sich für den Rest ihres Lebens immer wieder neu damit befassen, und erst wenn sie Witwe wird, ist ihr die Teilnahme an den Bemalungsriten verwehrt.

## DIE KUNST DES MEHNDI

Um die Kunstform des Mehndi verstehen zu können, müssen wir begreifen, welche Rolle der Körperschmuck an jenen Orten der Welt spielt, in denen Mehndi ausgeübt wird. Seit wenigstens 5000 Jahren widmen sich die Menschen in Indien mit unerschöpflicher Kreativität und Energie der Aufgabe, Ornamente und Motive zu erfinden, die den menschlichen Körper schmücken und somit feiern. Dabei handelt es sich um ein spirituelles Bestreben, meint die Autorin Oppi Untracht: «Indem der sichtbare, materielle Körper geschmückt wird, versucht man, die universelle Sehnsucht nach Verschönerung seines immateriellen Gegenstückes zu befriedigen: des menschlichen Geistes.»

In Indien gibt es sogar ein eigenes Wort (*Shringar*) für die Schönheit der weiblichen Kreativität.

Die Vorstellung hinter dem Begriff Shringar ist ganz besonders liebenswürdig. Eine Frau zeigt ihr Shringar im Akt des kreativen Ausdrucks. Das kann sie mit einer Geste tun oder mit einem großen Kunstwerk. Sie kann es in der Art und Weise zeigen, wie sie sich selbst oder eine andere schmückt. Shringar ist die Kraft der Schönheit unter der Oberfläche, und Mehndi ist eine von vielen Möglichkeiten, wie man diese Schönheit zum Ausdruck bringen kann.

Im *Solah Shringar* wird Mehndi als eines von sechzehn Zierden einer Frau bezeichnet, und auch im *Kama Sutra* findet Mehndi als eine der 64 Künste für Frauen Erwähnung.

Das Schmücken ist in Indien für gewöhnlich von religiösen Überzeugungen motiviert und besitzt nicht das Stigma von Eitelkeit und Materialismus wie im Westen. Man bringt es mit Verwandlung und Transzendenz in Verbindung. Die zeremonielle Bemalung wird als heiliges Tun betrachtet, und Verschönerung gilt als eine Form der Anbetung.

## DAS UNSICHTBARE UND DAS UNAUSSPRECHLICHE

Mehndi ist eine Sprache, nicht nur eine herrliche Kunstform. Mehndi fordert die Frau auf, einen Dialog mit dem Universum zu führen, und es gibt ihr die Worte an die Hand, mit denen sie diesen Dialog führen kann.

In Marokko spiegelt sich der Animismus – der Glaube, daß alle Dinge und Lebewesen eine Seele besitzen – in der Ausübung jedes Handwerks und jeder Kunstform wider. Hinter dieser Vorstellung einer Seele steht die Überzeugung, daß bestimmte Gegenstände und Tiere mystische Kraft und eine positive Energie besitzen. Diese magischen Eigenschaften nennt man *Baraka*.

Baraka ist der Schlüssel bei dem Versuch, die Bedeutung der Henna-Bemalung in der marokkanischen Gesellschaft zu verstehen. Der Glaube an die Existenz von Baraka macht jeden Augenblick und jede noch so profane Aufgabe zu einer Gelegenheit für spirituelle Meditation. Einfache Akte des Alltagslebens – Kochen, Weben oder Putzen – werden zu einer Form der Anbetung, des Gebets. Manche mögen es auch Magie nennen.

Alle Dinge enthalten Baraka, wenn auch in unterschiedlichem Maße. Der Henna-Strauch war angeblich die Lieblingspflanze des Propheten Mohammed, und infolgedessen soll er sehr viel Baraka besitzen. Aus diesem Grund ist er auch ein angesehener Teil der islamischen Tradition und wird von Muslimen für Segnungen, zum Schutz und zur Reinigung verwendet.

Auf ähnliche Weise glauben die Hindus, daß Lakshmi, die Göttin des Wohlstands, in Henna-Motiven wohnt. Eine Hindu-Frau bemalt ihre Hände mit Henna, um die Gegenwart von Lakshmi zu spüren und ihre Gunst zu gewinnen. Das kann jedoch nur geschehen, wenn die Frau es wert ist. Erweist sich die Frau als unwert oder zeigt sie keinen Respekt für die Bräuche, die sie gelernt hat, kann das als Beleidigung der Göttin aufgefaßt werden und ernsthafte Konsequenzen haben.

## HENNA ALS ORAKEL

Die Tradition der Henna-Bemalung stützt sich ebenso auf Aberglaube wie auf religiöse Rituale. André Malraux meinte einmal, daß jedwede Kunst eine Revolte gegen das Schicksal des Menschen sei, und jahrhundertelang versuchten Frauen, ihre Zukunft mit Hilfe von Mehndi vorherzusagen und zu beeinflussen. Schon das Wort Mehndi bedeutete ursprünglich «religiöse Führung».

Eine der am weitesten verbreiteten abergläubischen Überzeugungen hinsichtlich Mehndi hat mit der Farbe von Henna auf den Händen der Braut zu tun. Es heißt, wenn die Farbe tiefrot ist, wird die Liebe zwischen Ehemann und Ehefrau stark und dauerhaft sein. Henna ist häufig das erste Geschenk vom Bräutigam an seine Braut, und daher glaubt man, daß die Farbe viel über die Liebe aussagt, die er für sie empfindet.

Es gibt viele Möglichkeiten, wie Männer und Frauen

Henna als Orakel nützen können. Manchmal wird ein Klecks Henna auf die Stirn gegeben, um das Glück des oder der Betreffenden zu erkunden: Hinterläßt der Klecks einen Fleck, gilt das als positives Zeichen.

## HENNA ALS SCHUTZZAUBER

Obwohl der Gebrauch von Henna als Wahrsagemedium nicht heruntergespielt werden darf, wird es doch häufiger als Mittel eingesetzt, um künftige Ereignisse zu beeinflussen.

Frauen in allen Ländern, in denen die Henna-Bemalung verbreitet ist, widmen ihre Motive den Geistern, Göttern und Göttinnen und versuchen, dadurch deren Gefallen zu erlangen sowie ihre Gunst und ihren Schutz zu gewinnen.

In Marokko weiß man, daß Schutzsymbole «das einzige sind, was ein Mensch angesichts des *Mektoub* (Schicksals), der bestimmenden Kraft hinter dem Leben eines jeden einzelnen, tun kann». Häufig will man sich mit Henna vor Unglück schützen. Man nimmt es wegen seiner magischen Kräfte und bisweilen auch als Hilfsmittel zur Hexerei. Verschiedene Muster und Farbtöne sollen die diversen Geister (*Djoun* oder *Djun*) erfreuen. Frauen feiern häufig ein Henna-Fest, um einen Geist versöhnlich zu stimmen oder eine bestimmte Bitte vorzubringen. Wenn beispielsweise ein Kind erkrankt, kann die Mutter versprechen, ein Henna-Fest zu Ehren jenes Geistes zu veranstalten, der ihrer Meinung nach ihren Wunsch erfüllen und ihr Kind heilen kann. Wie auch immer ihre Bitte aussehen mag, wenn sie ihr Versprechen nicht hält, wird großes Unglück über sie kommen.

Solche Rituale mögen von Skeptikern als purer Aberglaube abgetan werden, aber es kann nicht schaden, sich mit ihrer tieferen Bedeutung zu beschäftigen. Schließlich steht der Mensch trotz der großen technologischen Fortschritte sowie des Komforts und des Schutzes, die uns diese Fortschritte einge-

*Zaubersprüche wurden
zu Lyrik, und magische
Bemalung wurde zu
Kunst. Die Zauber-
sprüche sind der «lyrische
Schrei der Seele» …
Reflexionen zarter Sehn-
süchte des Verstandes …*
Jogendra Saksena
in *The Art of Rajasthan*

bracht haben, den Launen des Schicksals immer noch hilflos gegenüber. Letzten Endes wissen wir auch nicht mehr als unsere prähistorischen Ahnen, wenn es um die Frage geht, warum wir auf diesem Planeten leben. Obwohl wir uns auf vielfältige Weise von der Unausweichlichkeit unseres Todes ablenken, führt uns unser Leben stets hinein ins Unbekannte.

Wenn wir über die Traditionen des Mehndi nachdenken, kann uns das zu einem tieferen Verständnis der fundamentalen Geheimnisse unseres Lebens führen. Der traditionelle Gebrauch von Henna ähnelt dem Gebet. Gleichgültig, ob es sich dabei um Buße, Bitte, Furcht oder um nichts als Aberglauben handelt, es räumt die Existenz von Kräften jenseits unseres Begreifens ein – Kräfte, die unendlich viel größer sind als wir selbst.

# MEHNDI-MOTIVE
# UND IHRE BEDEUTUNGEN

2 . KAPITEL

*Wie unterschiedlich der persönliche Stil auch sein mag, in dem die Menschen sich ausdrücken und sich selbst als höchstes Wesen definieren, es gibt gemeinsame Symbole, und diese gemeinsame Schatzkammer an Symbolen wird es immer geben. Gibt es nicht auch Sprachen, die sich trotz aller Unterschiede dasselbe Alphabet teilen?*
VICTOR FRANKL

Mehndi ist eine Geheimsprache. Eine Sprache der Symbole. Obwohl die Bedeutung der einzelnen Zeichen und Muster von Kultur zu Kultur und sogar von einer Frau zur anderen unterschiedlich sein kann, ist der Einsatz von Symbolen allgemeingültig. Symbole sind die Sprache des Unterbewußtseins und unserer Ahnen.

Eine Inderin sieht hinter dem Akt des Schmückens eine kraftvolle, mystische Bedeutung. Eine Marokkanerin verschönt ihren Körper in Einklang mit ihrem spirituellen Glauben.

Symbole gibt es beim Mehndi auf vielen verschiedenen

26

Ebenen – zum einen die Symbolik von Gedachtem und Geahntem, zum anderen die der tatsächlichen Motive.

Wie schon im ersten Kapitel erwähnt, ist die Henna-Pflanze ein Symbol der Verwandlung. Sie wird wegen ihrer Nützlichkeit geschätzt, aber auch wegen ihres dekorativen Potentials. (Ihre heilenden Eigenschaften machen die kurze Lebensspanne der kunstvollen und schönen Ornamente noch eindrucksvoller.) Wir finden einerseits die Symbolik des Henna-Bemalens selbst, die flüchtige Natur einer Kunstform, die bei Läuterungs- und Fruchtbarkeitsriten eingesetzt wird. Andererseits gibt es die Symbolik der Motive. Diese zahlreichen Ebenen metaphorischer Bedeutung machen Mehndi zu einem komplexen und höchst kraftvollen Ausdrucksmittel.

Beim Studium der Henna-Bemalung ist es von größter Wichtigkeit, die wahre Natur dieser Kunst zu begreifen. Sie basiert nicht auf Eitelkeit, Gewohnheit oder Aberglaube, sondern auf Ehrerbietung, Ritualen und Gebet. Wir werden niemals mit letzter Sicherheit wissen, welche Bedeutung die Frauen der Vergangenheit den symbolhaften Mustern zuwiesen, aber mit der Hilfe von Gelehrten wie Joseph Campbell und Carl Jung können wir das zeitlose Wesen ihrer wahren Bedeutung für alle Menschen zumindest erahnen.

## DAS WUNDER DER SYMBOLIK

Das Reich der Symbole ist tief und mehrdimensional. Je tiefer man in die Erforschung der Mehndi-Symbole eintaucht, desto schwerer fällt es, zwischen der Schönheit von Wissenschaft und Mathematik, der Kraft von Kunst und Religion und dem Wunder des menschlichen Bewußtseins zu unterscheiden. Viele der Symbole, die bei der Henna-Bemalung zum Einsatz kommen, existieren seit Jahrhunderten und gehen den wissenschaftlichen und mathematischen Untersuchungen, die ihnen eine neue Bedeutung und Gewichtung zuweisen, weit voraus.

Das Studium dieser Motive gleicht der Entdeckung eines verborgenen Universums. Wie kommt es, daß sich ein heiliges Symbol für die Lebenskraft später als die exakte Form des Hämoglobin im Blut erweist? Daß herrliche Mandalas wie jene in den Buntglasfenstern einer Kathedrale oder in den heiligen Mosaikmustern einer Moschee sich als eine der größten wissenschaftlichen Entdeckungen des Computerzeitalters herauskristallisieren: der fraktalen Geometrie und der Mandelbrot-Menge, einer Formel, die unendlich ist und ein sich ständig änderndes, niemals endendes Universum der Möglichkeiten offenbart?

In seinem Buch *The Art of Rajasthan* beschreibt der indische Gelehrte Jogendra Saksena die magische Natur dieser Kunstform. Obwohl er sein Buch in den fünfziger Jahren verfaßte und die Arbeiten von Carl Jung mit keinem Wort erwähnte, läßt sich mit großer Erleichterung feststellen, daß er von der Wechselbeziehung zwischen den Symbolen dieser Muster und den natürlichen Phänomen, die durch die Wissenschaft entdeckt wurden, gleichermaßen erstaunt war. Mit seinem Wissen über Tantra und Meditation faszinierten ihn die intuitiven Kräfte des menschlichen Geistes, die sich in der rituellen und spirituellen Kunst zeigen.

Die Mehndi-Symbole ähneln häufig den tantrischen Motiven (*Yantras*), die von den Yogis bei ihrer meditativen Praxis verwendet werden. Tantrische Muster werden als Mittel zur Transzendenz eingesetzt. Wenn der Yogi *Sadhana* ausübt – das geistige Training, das für jedes spirituelle Bemühen notwendig ist –, kann er eine Kommunikation mit der Gottheit aufbauen, die zu dem entsprechenden Motiv gehört.

Saksena glaubte, daß die Männer, die dies bewerkstelligen konnten, Meister der Intuition waren und «mystische Kräfte, mit denen sie Raum, Zeit und Materie durchdringen konnten», einsetzten.

Ich bin der Ansicht, daß die Schönheit von Symbolen und die in der Natur versteckten Gleichungen für den tiefsten Kern unseres Seins kein Geheimnis darstellen und daß wir uns nur für das Wunder öffnen müssen, von dem wir ein Teil sind.

In diesem Kapitel will ich mich auf die beiden Orte der Welt konzentrieren, die für ihre Henna-Bemalungen am berühmtesten sind: Marokko, der westliche Zipfel von Nordafrika, und Rajasthan, eine Region in Nordindien. Die Symbole, die in der Ornamentik dieser Länder eingesetzt werden, datieren viele Jahrhunderte zurück und liefern das entscheidende Bindeglied zwischen zeitgenössischen und antiken Praktiken.

# TRADITIONELLE INDISCHE SYMBOLE

## Grundformen

Laut der tantrischen Weltanschauung ist ein *Bindu* (Punkt) die höchste Wirklichkeit; es ist die geheimnisvolle Matrix, das *Bija* (Kern oder Same), aus dem alles entstammt und zu dem alles eingeht.

Alle Symbole beginnen mit dem Bija. Dahinter stehen die einfachen geometrischen Formen, die wir für selbstverständlich erachten. Zusammen schaffen sie ein Alphabet für die Geheimsprache des Mehndi.

Es gibt die Linie (*Rekha*) und den Winkel (*Kona*), der dort auftritt, wo sich zwei Geraden treffen und somit die Dualität des Lebens widerspiegelt.

Eines der kraftvollsten indischen Symbole ist das Dreieck (*Trikona*). Weist es nach oben wie ein Berg, symbolisiert es das aktive männliche Prinzip (*Purusa*). Zeigt es nach unten, verkörpert es das passive weibliche Prinzip (*Prakriti*). Wenn es auf einer Grundlinie ruht, versinnbildlicht es Feuer und den Aufstieg zum Himmel und wird Shiva zugesprochen. Umgekehrt symbolisiert es alles, was weiblich ist – Wasser, fruchtbare Täler sowie die Gnade, die vom Himmel herabkommt –, und wird

Abbildung 1

*Shiva*

*Shakti*

*Satkona*

*Hexagon in einem Satkona*

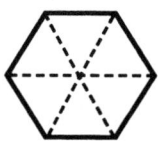

*Sadbhuja*

Shakti zugesprochen. Das Dreieck ist auch das Symbol der Dreiheit von Brahma, Vishnu und Rudra (Brahma ist der Gott der kreativen Kraft, Vishnu der Gott der stärkenden Kraft und Rudra, der vedische Gott der Stürme, ist mit Shiva und der göttlichen Kraft der Veränderung verknüpft). In der Praxis kann ein Dreieck eigentlich alles verkörpern: von der Wassernuß über ein Gebirge bis hin zu einem Stück Stoff.

Der *Satkona*, der sechszackige Stern beziehungsweise das Hexagramm (siehe Abbildung 1) stellt die Vereinigung der weiblichen und männlichen Prinzipien dar. Seine Verbindung mit Lakshmi, der Göttin des Glücks und des Wohlstands, läßt darauf schließen, daß eine perfekte Harmonie dieser beiden Prinzipien größten Erfolg beschert.

Schaut man ins Innere eines sechszackigen Sterns, findet man ein Hexagon (*Sadbhuja*). Das Hexagon ist eine mächtige Form, von dem die Natur ausgiebig Gebrauch macht. In Bienenstöcken, Schneeflocken und Schildkrötenpanzern, in Schaumkronen aus Wasserbläschen (als Ergebnis eng aneinandergedrängter Kreise) und in den Zellen unserer Körper ist das Hexagon zu finden. Das Sadbhuja taucht auch in vielen Formen ritueller Malerei auf.

*Catuskona*, das Quadrat, symbolisiert Stabilität und Ordnung, den irdischen Bereich und das Gleichgewicht entgegengesetzter Kräfte. Es verweist auf Ehrlichkeit, Zuflucht und Zuverlässigkeit. Man nennt es auch *Muladhar*, das ursprüngliche Fundament beziehungsweise die wahre Grundlage. Es ist die am häufigsten verwendete Form in der hinduistischen Symbolik.

Der Diamant (*Vajra*) verkörpert die Erleuchtung (*Bodhi*).

Das Pentagramm beziehungsweise der fünfzackige Stern heißt *Pancakona*. Seine fünf Abschnitte symbolisieren die Elemente Feuer, Wasser, Erde, Luft sowie die Himmel. Diese Form wird mit schwarzer Magie und dem Okkulten in Verbindung gebracht.

Das Oktagon (*Astakona*) entsteht durch zwei überlappende Quadrate, so wie das Hexagon aus zwei überlappenden

 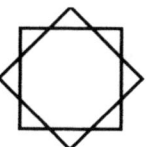  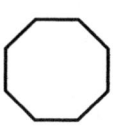

Abbildung 2

*Catuskona*     *Astakona (Oktagon) aus zwei überlappenden Vierecken*

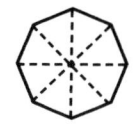 

*unterteiltes Oktagon*          *Ashtadala*

 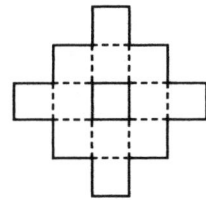

*Bavari*                    *Sarvatobhadra*

Abbildung 3

*Die Entdeckungen
der Wissenschaft, aber
auch Kunstwerke sind
Forschungsreisen …
Explosionen verborgener
Ähnlichkeiten.*
J. BRONOWSKI, ZITIERT IN
*THE DIVINE PROPORTION*

Dreiecken besteht (siehe Abbildung 2). Es gehört zu Vishnu, dem Beschützer der Menschheit, entspricht der moralischen Ordnung (*Dharma*) und der Welt und wird daher als Schutzsymbol verwendet. Wenn man es zu einem *Ashtadala* (mit acht Blättern) formt, symbolisiert es die Anbetung der Sonne.

Das Kreuz (*Bavari*) stellt ein Wasserreservoir oder einen Brunnen dar. Wenn man ein Quadrat aufsetzt, erhält man ein *Sarvatobhadra* (siehe Abbildung 3). Dieses Symbol ist überaus günstig. Es ist eine mystische Form, in der das Quadrat einen Tempel beziehungsweise einen heiligen Ort verkörpert und das Kreuz die Zugänge zu den Seiten. Dieses unwiderstehliche Symbol, das auch in afrikanischen Henna-Bildern auftaucht, ist fast identisch mit der mikroskopischen Struktur von Porphyrin,

*Dieses uralte indische Symbol des Kreises und des Kreuzes könnte von einer ganz ähnlichen Darstellung stammen, die auf Tonscherben entdeckt wurde, die aus Syrien und dem Irak im sechsten vorchristlichen Jahrtausend stammen.*

das sowohl im Hämoglobin (einem wichtigen Bestandteil des Blutes, mit dem der Körper Sauerstoff assimiliert) als auch in Chlorophyll (notwendig für die Photosynthese der Pflanzen) vorkommt. Es ist ein perfektes Beispiel für die Möglichkeiten, mit denen wissenschaftliche Entdeckungen der spirituellen Bedeutung, die diese Formen bereits besitzen, eine neue Dimension hinzufügen.

## Das Mandala

Der Kreis (*Cakra*) ist ganz, vollkommen, unendlich, vollständig. Er hat keinen Anfang und kein Ende, nur ein Innen und ein Außen. Er ist das schönste Symbol, das ich kenne. Er ist das Selbst – oder in den Worten Carl Jungs die «Gesamtheit der Psyche in all ihren Aspekten», der Mensch im Verhältnis zum Universum, die Sonne, der Mond, die Erde, die Sterne.

Der Kreis verkörpert die Form der Augen, mit denen wir sehen, und des Planeten, auf dem wir leben, und doch können wir diese Dinge nur mit Hilfe von Spiegeln und Kameras erkennen. Die Erde ist so riesig, daß sie flach zu sein scheint, und erst wenn wir in einen Spiegel schauen (oder in das Gesicht eines anderen Menschen), nehmen wir das Wunder des menschlichen Auges wahr. Die Iris ist ein vollkommenes Mandala, konzentrische Farbspiele umgeben das dunkle Zentrum der Pupille. Ist es wirklich eine Überraschung, daß das Mandala als Symbol der Erleuchtung gilt, wo es doch in uns als Organ des Sehens existiert?

Ein Mandala kann zuweilen die Form eines Kreises annehmen, aber in Wirklichkeit basiert es auf der Vorstellung konzentrischer Formen im Verhältnis zu einem Mittelpunkt. Mandalas enthalten häufig Kreise, Quadrate und Dreiecke und reichen in ihrer reinsten Form zu den Yantras des alten Indien zurück. Diese wurden, wie schon an früherer Stelle in diesem Kapitel erwähnt, als Meditationshilfe in der spirituellen Praxis eingesetzt. In seinem Buch *The Secret Language of Symbols*

schreibt David Fontana, daß die Yantras «einen überaus fortge-
schrittenen Meditationsbrennpunkt bieten, weil sie die Wirk-
lichkeiten darstellen, die jenseits der Welt der physischen Formen liegen». Man nimmt an, daß man die zahlreichen Schichten
der Wirklichkeit durchdringen und sich auf die innere Wahrheit
zubewegen kann, wenn man sich auf diese Formen konzen-
triert.

## Der Lotus

Der Lotus ist ein geheimnisvolles, bestechendes Symbol und
mein Lieblingsmotiv im Mehndi. Mit seinem Stamm und seinen
Wurzeln, die im trüben Wasser verschwinden, und seinen Blüten, die sich himmelwärts öffnen, symbolisiert er das Selbst, das
aus den Tiefen des Unterbewußtseins auftaucht – und das Erwachen der menschlichen Seele, die sich aus der Unwissenheit er-
hebt und nach Klarheit und Erleuchtung strebt. Der Lotus verkörpert die Dualität der Natur und existiert auf zwei Ebenen:
oberhalb und unterhalb der sichtbaren Oberfläche. Mit ihm
werden Anmut, Schönheit, Weiblichkeit, Möglichkeit und Sinnlichkeit assoziiert.

   Der Lotus spielt in der hinduistischen Mythologie eine
zentrale Rolle. In der Kunst bringt man ihn mit der Göttin
Lakshmi in Verbindung, und häufig steht sie in ihren Abbildungen auf einer Lotusblüte, ist von ihr umgeben oder hält sie in der
Hand. Sobald der Lotus in der buddhistischen Ikonographie
Eingang gefunden hatte, wurde er mit Reinheit gleichgesetzt, da
sowohl die Blätter als auch die Blüte schmutzabweisend sind
und kein Zeichen des Schlamms aufweisen, aus dem sie heraus-
wachsen, oder des Wassers, auf dem sie ruhen. Darüber hinaus
verkörpert der Lotus das gesamte Pflanzenleben sowie die Fülle
und den Reichtum der Erde. Er ist außerdem das Symbol der
Kreativität, der Vollendung, der weiblichen Sexualorgane und
des Lebensbaumes.

Sri Yantra

*Das Sri Yantra ist eine
wichtige Meditationshilfe.
Seine Komplexität nimmt
von innen nach außen zu,
und das Muster hilft dem
Betrachter, symbolisch
zurückzuschauen zu dem
Augenblick der Schöp-
fung, sowohl des Univer-
sums als auch jener Akte,
durch die der Geist
unablässig die äußere
Welt erschafft.*
DAVID FONTANA
IN *THE SECRET LANGUAGE
OF SYMBOLS*

*Das Wesen Gottes ist ein Kreis, dessen Mitte überall und dessen Umfang nirgends ist.*
EMPEDOKLES

*Lotusformen*

Abbildung 5

*Der Lotus ist ganz sicher das bemerkenswerteste Symbol Indiens … Es ist zweifelsohne klar, daß der Lotus (unter anderem) das weibliche Sexualorgan (Yoni) symbolisiert. Aus dem kosmischen Lotus wurde diese Welt, einschließlich der Götter, geschaffen, und künftige Welten werden denselben Ursprung haben. In der indischen Literatur wird weibliche (und manchmal auch männliche) Schönheit unweigerlich durch die Analogie zum Lotus ausgedrückt.*

JOHN W. SPELLMAN IN DER EINLEITUNG ZU *THE KAMA SUTRA OF VATSAYANA*

Der Lotus erscheint in vielen Formen und läßt sich manchmal nur schwer erkennen. Er taucht in Gestalt einer einzigen Knospe auf oder hat bis zu 1000 Blütenblätter. Die Blütenblätter des Lotus werden normalerweise mit einem spitzen Ende dargestellt, können aber auch ein rundes Ende haben.

Lotusrosetten besitzen häufig acht Blütenblätter (siehe Abbildung 5), wobei die äußeren Schichten in Viererreihen aufsteigen. Der tausendblättrige Lotus (*Sahasrara*) ist das Symbol der Vereinigung der Seele (*Atma*) mit dem Allmächtigen Gott (*Pramatma*).

Im Mehndi kann der Lotus die Form eines Mandalas annehmen, einer Blume, die auf einer horizontalen Fläche schwimmt, oder sogar die fiktive Form von Weinranken. Es gibt keine richtige und keine falsche Art, die nach Licht strebende Seele darzustellen.

Lange bevor ich wußte, was das Symbol des Lotus bedeutet, malte ich ihn in meine Hand, versteckt zwischen zwei Flügeln. Aus der Mitte der geöffneten Blume erhob sich eine zweite Blume, eine winzige Knospe. In dieser Zeit zwang mich mein Bedürfnis nach Einsamkeit, mich von der äußeren Welt zurückzuziehen. Ich wußte, die Blume stellte mein Selbst dar, das sich nach Privatsphäre und Schutz sehnte, aber am meisten berührte mich die Knospe – die Hoffnung und das stets präsente Potential zur Erneuerung.

*Der Lotus symbolisiert
also sowohl die Sonne als
Herz des Weltalls als auch
das Herz als Sonne des
Körpers. Beide werden
von demselben innewoh-
nenden Selbst bewegt.
Dementsprechend ist der
Lotus, der sich der Sonne
öffnet, das Symbol für das
vollerblühte Wissen um
diese Spiegelwahrheit,
während ein Lotus in der
Knospenphase die
Annäherung an das
Erkennen symbolisiert.*
JOSEPH CAMPBELL

## Weitere Mehndi-Symbole

Zu den Motiven, die im Mehndi häufig vorkommen, gehören die Sonne, der Mond und die Sterne – alles Symbole der tiefen und dauerhaften Liebe zwischen Ehemann und Ehefrau. Darüber hinaus gibt es aber auch Blumen, Süßigkeiten, Spiele und Brettspiele, Weinranken, Wellen, Skorpione, Pfaue, Papageien, Gurken, Menschen, Bonbons, Tonkrüge und -schüsseln, Musikinstrumente, Elefanten, Fächer, Federn, Gewebe und Flammen. Jedes dieser Motive hat seine Bedeutung, je nach der

*Mangos*

36

Rolle, die es im Leben der Betroffenen und ihrer Gemeinschaft spielt.

*Früchte, Blumen und Weinranken*
Blumen gelten als Symbole der Fröhlichkeit, und außer dem Lotus werden noch viele andere häufig in der Mehndi-Ornamentik verwendet, darunter Sonnenblume, Wasserlilie, Gänseblümchen, Maiglöckchen, Iris und Rose, um nur einige zu nennen. Rosen sind ein häufiges Brautmotiv. Die unreife Mango (*Keri*) ist dagegen ein Symbol der Jungfräulichkeit und der Ankunft des Sommers.

Weinranken oder Efeu gelten als Symbol der Hingabe und beschwören sowohl Zärtlichkeit als auch Vitalität herauf. Die Tatsache, daß sie sich ständig dem Licht entgegenrecken und für ihren Aufstieg einen Halt benötigen, weist auf Entschlossenheit, Ausdauer und die Grundbedürfnisse hin, die alle Lebewesen miteinander teilen. In der hinduistischen Mythologie soll eine phantastische Kletterpflanze namens *Kalpalata* angeblich eine Verbindung zwischen den Göttern und allen

Bewohnern der Erde erschaffen. Der Geist der Kalpalata belohnt Ehrerbietung, indem er die Wünsche der Gläubigen erfüllt.

### Tiermotive

Die Tiere, die in der Mehndi-Ornamentik Indiens am häufigsten abgebildet werden, sind Vögel und darunter meistens der Pfau (*Mayura*). Der Pfau ist der Nationalvogel Indiens und in Asien heimisch. Er ist wegen seiner Schönheit und seines prachtvollen Federkleides berühmt und gilt als Gefährte der Ehefrau, solange deren Ehemann von ihr getrennt ist. Die Anmut und Schönheit dieser Vögel sollen die Frauen von ihrer Trauer ablenken und sie beschäftigen.

Doch auch andere Vogelarten, beispielsweise Schwäne und Papageien, tauchen in Mehndi-Mustern auf. Der Schwan (*Hamsa*) symbolisiert den nahenden Erfolg, wohingegen der Papagei als Bote betrachtet wird, der geheime Nachrichten zwischen Liebenden überbringt.

Eins meiner Lieblingsmotive ist der Fisch, der die Augen der Frau verkörpern soll. Der Skorpion (*Bicchu*) ist ebenfalls ein romantisches Symbol; sein Stachel läßt sich mit Amors Pfeil vergleichen.

### Gegenstände als Symbole

Viele Gegenstände des täglichen Lebens haben Eingang in die Mehndi-Bilder der Hindu-Frauen gefunden. Der Fächer (*Bijani*) ist das Symbol des Sommers und der kühlen Luft, die gegen die Hitze Erleichterung schafft. Er wird daher mit Gelassenheit verknüpft und mit dem Wunsch nach Frieden und Harmonie zwischen Ehemann und Ehefrau.

Der Tonkrug (*Kalasa*) gilt als Symbol ehelichen Segens. Man denkt sich den Kalasa gefüllt mit heiligem Wasser, und an hochgelagerter Stelle auf dem Altar ist er Bestandteil aller religiösen Zeremonien. Sein Gebrauch als Wassergefäß für das Göttliche verweist auf Fülle und Reinheit.

*Wasser*

Die Motive zur Regenzeit stellen Wasser als Metapher für menschliche Emotionen dar. *Bundakis* sind kleine Punkte zu einem Haufen angeordnet, durch die das Gefühl eines Regenschauers vermittelt werden soll. Man symbolisiert mit den Bundakis die Liebe und Zuneigung, mit denen eine Frau ihren Ehemann und ihre Schwiegereltern überschüttet.

In dieser Zeit werden auch *Lahariyas* gemalt, stilisierte Abbildungen von Wellen. Diese Muster werden mit tiefer Leidenschaft und Ekstase assoziiert und haben in all ihren vielen Erscheinungsformen einen Ehrenplatz inne. Das Word *Lahar* bedeutet «Welle im Wasser», aber man kann damit auch das Aufsteigen menschlicher Emotionen beschreiben, von Sehnsucht und Trauer zu Freude.

Angesichts der Intensität ihrer Bedeutung werden Lahariya-Motive oft von Witwen getragen, die sich dafür entschieden haben, ihrem Ehemann in den Tod zu folgen. Sie schmücken sich mit Mehndi und richten sich festlich her, um sich auf den Scheiterhaufen ihres Ehemannes zu legen und ihren Tod als Braut geschmückt zu begrüßen.

## *Muster und Stile*

Der Einsatz von Mustern ist der Schlüssel für die Kunst der Henna-Bemalung. Muster bestehen aus Symbolen, so wie Symbole aus Mustern bestehen. Trotzdem muß man zwischen den beiden unbedingt einen Unterschied machen, denn ihre Funktion in der Kunst ist ganz unterschiedlich. Als westliche Kunststudentin brachte man mir eine Hierarchie des künstlerischen Strebens bei. Dabei wurden die «höheren Künste» (Bildhauerei oder Malerei) betont und auf die «dekorativen Künste» wie das Kunsthandwerk herabgesehen. Zwischen dem Kunsthandwerker und dem Künstler lagen Welten.

Meine Arbeit mit Henna hat mich diese Verallgemeine-

rungen hinterfragen lassen. Mehndi ist ein Medium, das durch Muster bestimmt wird, und Muster bedeuten für mich heute eine Demut abseits des einzelnen Bildes. Muster erlauben eine Verschönerung der Hand selbst, wohingegen ein einziges zentrales Bild die Handfläche in eine Leinwand verwandelt und den Blick des Betrachters auf dieses eine Bild lenkt. Man nennt diesen Stil «Neues Mehndi». Er wird stark von der Präsentation künstlerischer Motive in Galerien und Museen beeinflußt. Dabei geht es um die Verwendung von negativem Raum um ein zentrales Motiv herum, ganz ähnlich der weißen Wand hinter einem Gemälde. Obwohl im Mehndi auch gegenständlich gemalt wird, ist dieser Einsatz minimal. Weitaus öfter sieht man eine Hand oder einen Fuß mit einem flächendeckenden dekorativen Muster ohne zentrales Motiv. Ich habe nie ein gegenständliches Bild ohne ein umgebendes Muster gesehen, wie das zum Beispiel bei Tätowierungen üblich ist.

In einigen Fällen wird mit einem Muster das zentrale Motiv hervorgehoben und die Kraft des Symbols noch verstärkt. In anderen Fällen soll es einfach die Schönheit der weiblichen

Form hervorheben. Ich stelle mir Muster gern als Kette aus Symbolen vor, wie die Musik eine Kette aus Tönen ist.

Die Bedeutung dieser Muster ist unendlich reich. Schließlich besteht selbst die Natur aus Mustern. Abgesehen von ihrer berauschenden Schönheit und Anmut enthalten solche Muster auch wichtige Hinweise auf die Systeme und die Ordnung, die das Universum regieren.

So wie Muster in der dekorativen Kunst die Muster der Natur widerspiegeln, werden die unterschiedlichen Stilarten der traditionellen Henna-Bemalung in großem Maße von der Geographie bestimmt, von jenen Orten also, an denen sie ausgeübt werden. Die drei Grundstile der Henna-Bemalung lassen sich entsprechend der landschaftlichen Vielfalt in Kategorien einteilen: die geometrischen Muster der Bergregionen, die floralen Muster der Ebenen und der fruchtbaren Gebiete (manchmal auch der Wüsten) und die floral-geometrischen Muster in den Orten dazwischen.

Muster schaffen verschiedene Stile und sind ihrerseits das Ergebnis verschiedener Stilrichtungen. In Indien gibt es zahlreiche Möglichkeiten, die Stilarten der Henna-Bemalung zu unterteilen. Blumenmuster werden mit magischen und sozioreligiösen Praktiken assoziiert, wohingegen die mehr geometrischen Formen eine tantrische Bedeutung haben und eine mystische Energie in sich tragen, die den verschiedenen Gottheiten entspricht, die diese Formen verkörpern.

Darüber hinaus gibt es noch weitere Klassifikationen, je nach Jahreszeit, zeremoniellem Einsatz und diversen Festlichkeiten. Natürlich existiert auch ein ausgeprägter Unterschied zwischen den Stilarten verschiedener Gemeinschaften und verschiedener Länder.

Geometrische Muster sind in den Städten Marokkos am beliebtesten. Das mag zum Teil am muslimischen Glauben liegen, der die Darstellung von Tieren oder Menschen in der Kunst verbietet.

Natürlich gibt es auch viele Muslime in Indien und anderen Ländern Asiens, aber der Islam ist in ganz Nordafrika Staatsreligion. Es gilt dort als Blasphemie, die Arbeiten Gottes nachahmen zu wollen. Statt dessen bieten künstlerische Ornamente einen Weg, Gottes Ruhm zu feiern.

Trotzdem sind auch gegenständliche Bilder üblich, insbesondere unter den Künstlerinnen auf dem Land. Viele der Symbole, die sich in Henna-Körperbemalungen, auf Stoffen und im Kunsthandwerk Marokkos finden, stammen aus der Zeit vor der Islamisierung und basieren auf uralten Stammesbräuchen und -überlieferungen.

Das Volk der Berber, das zu den frühesten Bewohnern Marokkos zählt, lebt beispielsweise noch überwiegend so wie vor Jahrhunderten. Obwohl sie den muslimischen Glauben angenommen haben, bewahren sie viele ihrer eigenen Riten und Gebräuche. Aus diesem Grund finden sich bei ihnen auch animistische Glaubensbekenntnisse und mystische Praktiken. Die Kunst des Verbergens wurde extrem wichtig bei dem Gebrauch von Symbolen, die der Islam verbot. Darum bestehen viele Berber-Bilder von Tieren aus einfachen geometrischen Formen (siehe Abbildung 9).


## Die Symbolwelt Marokkos

Eine Marokkanerin denkt nicht in erster Linie an die Ursprünge eines Symbols. Sie interessiert sich vielmehr für seine Wirksamkeit und seine magischen Eigenschaften: Sie will wissen, welches Symbol funktioniert.

Die Symbole der marokkanischen Kultur unterliegen zwei vorrangigen Aspekten: Fruchtbarkeit und Schutz. Schutzsymbole finden sich an exponierter Stelle in allen Bereichen des Lebens und der Kunst.

In der marokkanischen Kultur werden dem Auge und der Hand große Macht zugesprochen – die Macht zu schützen und die Macht zu schaden. Aus diesem Grund wird der böse Blick

im ganzen Mittelmeerraum auch heute noch gefürchtet. Der
böse Blick ist nicht einfach nur ein unwilliger Blick voller Haß,
er besitzt die Fähigkeit, Unglück über den Menschen zu bringen, auf den er fällt. Der böse Blick gilt als Entschuldigung für
so gut wie jede Art von Pech und wird auf Gier oder Habsucht
zurückgeführt. Seine Wirkung mag durchaus unabsichtlich sein.
Die Menschen bemühen sich nach Kräften, sich vor seinen negativen Folgen zu schützen: durch Bilder von *El Ain*, dem Auge,
das angeblich den bösen Blick zurückwirft, und von *Khamsa*,
der Hand, die menschliche Kreativität und Kraft symbolisiert.
Diese Motive existieren in zahlreichen Varianten: abstrakt, sti-
lisiert und realistisch. Sie werden in Marokko am häufigsten verwendet – in Henna aufgemalt, als Amulette, als Wandschmuck
oder auf Stoffen.

## El Ain

Das schützende Auge taucht in vielen Formen in den ritualisierten Künsten und in der Gebrauchskunst Marokkos auf. Dreiecke, Diamanten, Kreise, Punkte, «Rauten» und Kreuze können allesamt das Auge verkörpern (siehe Abbildung 6).

Eines der beliebtesten Berbermotive zur Abwehr des bösen Blicks ist das Kreuz im Zentrum von zwei oder mehr Diamanten (siehe Abbildung 6a).

Die Form des Diamanten wird von den Frauen von Beni Mguild als *Timrit* (Spiegel) bezeichnet, was möglicherweise auf die Vorstellung hindeutet, daß damit der böse Blick zurückgeworfen wird. Ein Diamant innerhalb eines anderen Diamanten heißt *Tit* (Auge). Das Symbol des Kreuzes in der Mitte wird häufig für ein christliches Bild gehalten, dabei handelt es sich in Wirklichkeit um ein uraltes Berbersymbol. Das Kreuz soll die Energie von der Mitte weg in die vier Himmelsrichtungen lenken, «damit die vier Winde das Böse zerstreuen können, das von dem Auge ausgeht» (Susan Searight, 1984).

Abbildung 6

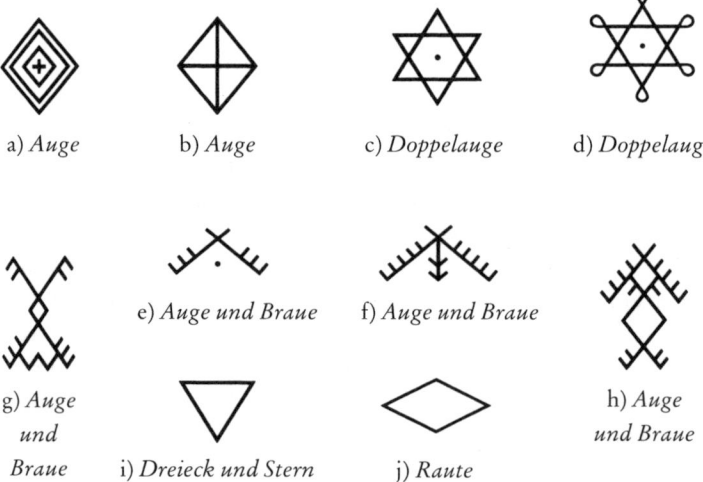

a) *Auge*  b) *Auge*  c) *Doppelauge*  d) *Doppelauge*

e) *Auge und Braue*  f) *Auge und Braue*

g) *Auge und Braue*  i) *Dreieck und Stern*  j) *Raute*  h) *Auge und Braue*

44

Ein ähnliches Kreuzsymbol in einem Diamanten (Abbildung 6b) wird *Uariela* oder *Uarida* genannt, was soviel bedeutet wie «Mitte eines runden Dings». Forscher spekulieren, ob der Diamant in der Ikonographie der Berber auch als Kreis fungiert.

Auch Tätowierungen sind im ländlichen Marokko noch üblich, obwohl der Islam dem ablehnend gegenübersteht. Es gibt bei diesem Medium zahllose Variationen für das Auge (Abbildung 6c-j). Gelegentlich finden sie ihren Weg in die Henna-Bemalung, obwohl sie einen ganz ausgeprägten eigenen Stil haben und sich für gewöhnlich durch die begleitende Braue unterscheiden.

Die Bedeutung von Grundformen wie dem Punkt oder dem Dreieck verändert sich entsprechend der Zahl der Formen in einer Abfolge. Ein einzelnes Dreieck symbolisiert beispielsweise ein Auge, aber fünf stellen eine Hand dar. Ein einziges Quadrat soll heilende Kräfte besitzen, doch mehrere Quadrate, die einander an der Ecke berühren, verwandeln sich in ein Schutzsymbol (siehe Abbildung 7).

## Die Zahl Fünf

Die Bedeutung, die der Numerologie in der arabischen Kultur beigemessen wird, hat auch die Symbolik der Volkskunst beeinflußt. Zahlen magische Kräfte zuzusprechen ist im Grunde nichts anderes, als sie verschiedenen Formen und Mustern zuzuweisen. Zahlen sind schließlich auch Symbole – Formen, die eine Menge verkörpern.

In der arabischen Tradition besitzen bestimmte Zahlen magische Kräfte. Den ungeraden Zahlen zwischen 1 und 10 (3, 5, 7, 9) und ihrem Vielfachen sollen diese Eigenschaften zu eigen sein. Das beeinflußt natürlich in hohem Maße den Einsatz von Mustern und Formen in der rituellen Kunst. (So ist das magische Quadrat beispielsweise ein geometrisches Muster, das Kranke heilen und schützen soll. Es besteht aus Zahlen, deren Summe

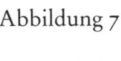

Abbildung 7

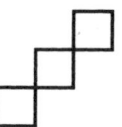

*Amulett*

45

Abbildung 8

a) *Hand*

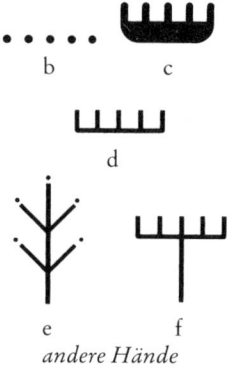

b        c

d

e        f
*andere Hände*

g) *Finger*

immer gleich bleibt, ob man sie nun waagerecht, senkrecht oder diagonal zusammenzählt.)

Die Zahl Fünf hat in der marokkanischen Kultur eine ganz besondere Bedeutung. Wer diese Zahl in irgendeiner Weise trägt oder besitzt – oder irgendein anderes Symbol der menschlichen Hand –, soll dadurch über die schützende Kraft verfügen, die Worte *Khamsa fi ainek* (fünf in dein Auge) zu rezitieren, mit dem Finger auf den bösen Blick zu zeigen und ihn dadurch erfolgreich abzuwehren. Schon die Erwähnung des Wortes *Fünf* in Gegenwart eines anderen Menschen kann als Beschuldigung interpretiert und somit als Beleidigung aufgefaßt werden.

Jede Kombination der fünf Formen Dreieck, Punkt, Diamant, Kreuz oder Stern (aber auch anderer Markierungen) spiegelt die *Khamsa* wider, die schützende Hand von Fatima, der Tochter des Propheten (siehe Abbildung 8). Laut der Sage war Fatima die erste Frau, die ihre Hände mit Henna verschönerte. Vielleicht sieht man aus diesem Grund bei marokkanischem Schmuck oder bei Wandmalereien oft weniger abstrakte Abbildungen einer Hand, häufig mit kunstvollen Mustern und Ornamenten (Abbildung 8a).

## Andere Symbole und Formen

Es gibt noch viele andere wunderschöne Symbole in der künstlerischen Tradition des ländlichen Marokko, aber sie sind aufgrund der Restriktionen durch den Islam weniger bedeutend. Wie schon zuvor erwähnt führte das Bilderverbot zur Entstehung einfacher geometrischer Formen, die Gegenständliches symbolisieren sollen. Dazu gehören Symbole der elementaren Naturkräfte, von Samen, Tieren und Tierteilen.

Abbildungen von gefährlichen Tieren wie der Schlange, dem Skorpion oder dem Schakal rufen beim Betrachter keine Furcht hervor, sondern gelten als Schutzsymbole. Die Schlange taucht in realistischer oder abstrakter Form auf und wird mit

| | | |
|---|---|---|
| Sonne und Mond | Wasser | Vogel |
| Abdruck eines Vogel- fußes | Samen | Schildkröte |
| Frosch | Spinne | Eidechse |

Abbildung 9

*Zweifellos hat sich das Vokabular, das die marokkanischen Künstler sowohl in der Stadt als auch auf dem Land verwendet haben, mit der Geschichte des Landes weiterentwickelt und verändert. Viele Symbole, Motive und Tattoos werden gar nicht mehr gebraucht, oder ihre Bedeutung ist eine andere geworden. Trotzdem gibt es immer noch Symbole, die von den Künstlern seit Jahrhunderten verwendet werden. So zum Beispiel magische Zahlen, magische Quadrate, Verse aus dem Koran, die arabischen Schriftzeichen, geometrische Figuren (Dreiecke, Quadrate, Kreuze, der Davidstern, Spiralen, Zirkel) sowie Blumen und andere Pflanzenmotive, abstrakte Tierzeichnungen, menschliche Hände und Augen sowie viele andere Tattoos.*

dem Phallus in Verbindung gebracht, dementsprechend ist sie ein Symbol für die Libido und für Fruchtbarkeit.

Der Skorpion erscheint am häufigsten in der Henna-Bemalung und zumeist kaum formalisiert. Überraschenderweise wird er naturgetreu abgebildet und als Schutzsymbol genutzt, im Unterschied zu seiner Eigenschaft als Zeichen romantischer Liebe in Indien.

Der Fisch wird mit Wasser und Regen verknüpft, somit ist er ein Symbol für die Fruchtbarkeit und Fülle der Erde. Die Schildkröte wird den Heiligen zugesprochen und gilt daher als Schutzsymbol, obwohl auch sie wegen ihrer Beziehung zum Wasser für Fruchtbarkeit steht.

Wie in der hinduistischen Tradition gilt der Vogel auch

hier als Bote; allerdings ist er laut dem Koran ein Bote zwischen
Himmel und Erde. Der Adler aber ist ein Symbol der Macht.

Eidechsen und Salamander aalen sich gern in der Sonne –
sie lieben die Sonne und wurden von den alten Sonnenkulten
verehrt. Sie symbolisieren die Suche der Seele nach Erleuchtung.

Man sieht zwar immer wieder viele abstrakte Motive in
der marokkanischen Henna-Bemalung, aber ihre Bedeutung zu
ergründen ist keine leichte Aufgabe. Der Grund dafür liegt in
der komplexen Natur der mystischen und religiösen Überlieferungen in diesem Land sowie im Einfluß der Modernisierung.

H. Reinisch und W. Stanzer weisen in ihrem Buch *Berber*
darauf hin, daß Henna-Künstlerinnen wie viele andere Frauen
einem «geheimen kollektiven Frauen-Code folgen, indem sie
sich an eine Mischung aus Zeremonien, Bräuchen und Überlieferungen halten», die ganz allgemein mit der Volkskunst assoziiert wird. Sie fügen hinzu, daß es «noch einige alte Frauen gibt,
die bewußt in der Lage sind, religiöse Themen in ihre künstlerischen Motive zu integrieren».

48

# EINE UNTERGEHENDE SICHTWEISE

Trotz der Tatsache, daß Mehndi ein Fenster bietet, durch das wir einen Blick auf eine verborgene Welt erhaschen können, wird es als Kunstform und Studienobjekt auch weiterhin ignoriert. Trotzdem finden wir im Mehndi eine seltene anthropologische Gelegenheit, sowohl für den Osten als auch für den Westen.

In *The Art of Rajasthan* schreibt Jogendra Saksena, daß «die Volkskunst ein Ausdruck gemeinschaftlichen Bewußtseins» ist. In diesen Ländern, in denen die weibliche Stimme auf so schmerzliche Weise ignoriert und der Perspektive der Frauen so wenig Aufmerksamkeit geschenkt wurde, ist es eine Schande, dieses augenfällige Versäumnis noch weiter zu ignorieren.

Der Mangel an Anerkennung und Bewußtsein für die Kunst der Frauen in diesen Ländern hat von diesem Medium seinen Tribut gefordert. Die Mehrheit der Symbole der Henna-Bemalung hat uralte Wurzeln. Traurigerweise wurde ein Großteil des Wissens um den Gebrauch dieser Symbole vergessen und ging verloren. Das Tempo des Lebens im Computerzeitalter läßt viele von uns Dinge tun, ohne ihre Bedeutung oder ihren Sinn zu verstehen. Die Menschen in urbanen Gesellschaften, selbst in Indien und Marokko, sind weniger auf die metaphorischen Eigenschaften der Henna-Bemalung eingestimmt als ihre ländlichen Vorfahren und neigen eher dazu, Mehndi als rein kosmetisches oder dekoratives Medium zu betrachten.

In meinen Gesprächen mit Frauen aus Indien und dem Nahen Osten habe ich gelernt, daß Mehndi oftmals von jenen Frauen verachtet wird, die unbedingt «modern» und erfolgreich sein wollen. In diesem Zusammenhang fallen Adjektive wie *altmodisch* und *bäuerlich*. Sie assoziieren mit Mehndi primitive Weltanschauungen und Rituale. Der Druck, mit dem Tempo der sich verändernden Zeit Schritt zu halten, bringt viele Frauen dazu, sich von der Tradition gänzlich abzuwenden.

Gleichermaßen beunruhigend ist die Tatsache, daß viele jener Frauen, die diese Kunst noch ausüben, zu den Mißver-

49

ständnissen beitragen, die Mehndi umgeben. Viele von ihnen wissen nicht um die Bedeutung der Muster und Motive, die sie verwenden. Es kommt gar nicht so selten vor, daß eine Frau, die ihr Leben lang Henna-Bemalungen durchgeführt hat, erklärt, ein bestimmtes traditionelles Motiv habe keine besondere Bedeutung. Das ist einfach nicht wahr. Als ich mit meiner Recherche begann, hat mich das anfangs sehr verwirrt.

Saksena führte Ende der vierziger Jahre eine Studie in Indien durch. Ihm fiel der zunehmende Bewußtseinsmangel auf, und er schrieb:

> Es überraschte mich, daß die Frauen einfach nur die Tradition am Leben halten, aber mit keinerlei Erklärungen aufwarten. Auf diese Weise vertrocknet der Geist dieser Kunst, der einst ihre Lebenskraft und Urquelle war. Andererseits sind die Frauen, sei es in ländlicher oder städtischer Umgebung, mittlerweile viel zu beschäftigt, um sich Gedanken um diese Kunst zu machen. Sie versuchen, sie schnell und oberflächlich zu erlernen, ohne sie sich wirklich anzueignen.

Er fährt fort:

> Die verschiedenen Linien und Punkte, aus denen ein Bild besteht, sagen sehr viel darüber aus. Doch die Frauen von heute vergessen diese Details. Vielleicht liegt es daran, daß diese Frauen den Bildern keinen anderen Zweck, kein anderes Motiv zusprechen als dasjenige, das sie verstehen, will sagen, daß sie dem Hausstand Glück und Wohlstand bringen. Für sie ist es ein Alltagsphänomen, das weder an sich eine Bedeutung hat noch unter diesem Aspekt betrachtet werden sollte.

Wir Menschen haben viele Dinge geschaffen, die wir gebrauchen, aber nicht erklären können. Wie viele von uns verstehen denn schon die wissenschaftlichen Prinzipien hinter der Technologie, die uns tagtäglich in unserem Alltag begegnet? Doch das Dilemma einer sich konstant erweiternden Lücke zwischen dem, was wir in unserer modernen Welt erfahren, und dem, was

*Diese Motive und ihre Bearbeitung entfalten vor uns die große Wahrheit, daß die Kunst – ob ritualisiert oder als Gebrauchskunst – keinem bestimmten Zeitalter und keinem bestimmten Ort gehört, wie abgelegen in Zeit und Raum sie auch sein mögen. Noch sind sie das Monopol einer Rasse oder Kultur eines Landes. Vielmehr offenbaren sie durch alle Zeitalter hindurch die Arbeit des kreativen menschlichen Geistes.*
JOGENDRA SAKSENA
IN *THE ART OF RAJASTHAN*

unser arg strapazierter Verstand begreifen kann, führt zu der gefährlichen Situation, allzu leicht aufzugeben – einzuschlafen und sich nicht zu bemühen, mehr über unsere Welt zu erfahren.

Es heißt, daß eine Termitenplage einst den Henna-Strauch zu vernichten drohte. Die Zwänge des modernen Lebens stellen eine ähnliche Bedrohung dar, denn obwohl die «Tradition» auf dem Lande bewahrt wird, halten diese Zwänge den einzelnen davon ab, mit seiner eigenen Kreativität in Berührung zu kommen. Rituale werden zu Gewohnheit, bleiben zwar intakt, aber Sinn und Zweck hinter dem Ritual verblassen.

Plato meinte, daß das unerforschte Leben nicht lebenswert sei. Symbole sind die Sprache der menschlichen Seele; die Sprache, mit der unser Unterbewußtsein in Form von Gedanken und Träumen zu uns spricht. Ihre Bedeutung zu ignorieren heißt, das ihnen innewohnende Universum zu ignorieren.

# MOTIVE FÜR DIE HÄNDE

3. KAPITEL

Die Kunst des Mehndi ist ein Tribut an die Hände. In dieser ungewöhnlichen Kunstform, bei der das Henna-Blatt für die Haut das ist, was Farbe für die Leinwand ist, tritt eine magische Beziehung zwischen den Händen und der heilenden Farbe auf, die wir auf sie auftragen. Das liegt daran, daß Henna der Handfläche eine tiefere und dauerhaftere Farbe verleiht als jedem anderen Teil des Körpers. Die herrlichen Bilder des Mehndi heben die außergewöhnliche Natur der Hände hervor und betonen sie; genau das sollten auch wir tun.

# EINE VIELBESCHRITTENE BRÜCKE

Es fällt nicht schwer, die eigenen Hände als Selbstverständlichkeit hinzunehmen. Sie dienen uns ständig. Wir verlassen uns bei unzähligen Alltagsaufgaben auf unsere Hände. Sie sind unsere Hilfsmittel, mit denen wir geben und nehmen. Aber ob wir Geld verdienen oder musizieren, Kriege ausfechten oder die Kranken heilen, unsere Hände bleiben die am meisten beschrittene Brücke zum anderen. Mit unseren Händen begrüßen und verabschieden wir uns, wir beten mit ihnen, und wir reichen sie uns im Bund der Ehe.

Mehndi feiert die Hände als Wunder der Schöpfung und als Ausdrucksmittel der Liebe. Es hebt hervor, daß die Aktivitäten der Hände heilig sind. Hier wird das Instrument zur Leinwand. Von Hand zu Hand fließt Henna tiefrot in Ornamenten mit persönlicher Bedeutung, bestimmt die Tradition und wird von ihr bestimmt.

Mehndi ist eine einzigartige Form der Malerei, denn es honoriert nicht nur den Kontakt, sondern fordert ihn auch. Die menschliche Berührung – selbst schon ein Ausdrucksmittel – fügt dieser Arbeit eine weitere dynamische Dimension hinzu. Wenn eine Frau jemanden bemalen möchte und eine andere Frau bemalt werden will, dann führt das zu dem unerwarteten Ergebnis, daß sie sich stundenlang an den Händen halten. Eine unübliche Art, sich kennenzulernen, und eine wichtige Chance für beide Beteiligten.

# HEILENDE HÄNDE

Mehndi zelebriert nicht nur die Hände, es bietet ihnen auch eine vielbenötigte Atempause. Die Henna-Bemalung macht es notwendig, daß die Empfängerin während der Dauer des Auftragens frei von allen Verantwortlichkeiten ist, und das kann sich über einen ganzen Tag und bis in den Abend hinein erstrecken.

Sich die Zeit dafür zu nehmen ist an sich schon eine heilende Sache, und wenn es auch noch im richtigen Geiste erfolgt, kann es zu einer seltenen und willkommenen Pause von der Hektik des Alltagslebens werden.

Es gibt viele heilende Elemente im Mehndi neben den medizinischen Eigenschaften, die bereits im ersten Kapitel erwähnt wurden. Viele Frauen leiden darunter, daß sie mit ihren Händen einen Großteil des Tages im Wasser arbeiten müssen. Jahrhundertelang bediente man sich des Henna, um die Haut auf dieselbe Weise aufzuweichen und zu verjüngen, wie es das Haar stärkt und vitalisiert.

Das Auftragen von Mehndi hat viel mit Massage und Meditation gemeinsam. Es erfordert Ruhe und Konzentration, außerdem über einen längeren Zeitraum hinweg den körperlichen Kontakt zu einem anderen Menschen. Die Paste ist kühl und beruhigt die Haut; die Finger müssen gestreckt, die Hände geöffnet und die Handflächen nach oben gelegt werden. Von den zahlreichen heilenden Aspekten des Mehndi gehören die Wärme und das Wohlgefühl, daß jemand unsere Hand hält, zu den wichtigsten.

## SENSIBILITÄT UND SINNLICHKEIT

Die menschliche Hand ist – abgesehen vom Mund und der Nasenspitze – das empfindsamste Körperteil und enthält bis zu 600 Nervenenden pro Quadratzentimeter. Die Hand erzeugt Hitze, ein bedeutsamer Umstand bei der Henna-Bemalung. Das und die Dicke der Haut machen die Handinnenseite zur wichtigsten Leinwand dieser Form der Malerei. Die Hindu-Braut läßt sich die Handrücken ebenso kunstvoll bemalen wie die Handinnenflächen. Dahinter steht der Gedanke, daß auf diese Weise aus jeder Hand zwei werden, und somit hat sie vier Hände, mit denen sie ihrem Ehemann Vergnügen bereiten kann.

Die Henna-Bemalung zelebriert und betont die erotische

und sinnliche Schönheit der Hände. Wir Menschen aus dem Westen haben durch Mehndi die Möglichkeit, uns von dem Ungewöhnlichen und Exotischen berührt zu fühlen. Es hat etwas Magisches und Erregendes, wenn die eigene Hand mit Henna bemalt wird, während man gleichzeitig weiß, daß dies jahrhundertelang ein sinnliches und romantisches Ritual war.

## DIE FINGER

Die Fingerspitzen sind ein guter Anfang, um über die sinnliche Natur der Handbemalung zu sprechen. Fingerspitzen können in Henna eingetaucht werden. Das ist eine traditionelle Methode in Indien, und obwohl es uns extrem erscheint, assoziiert man es dort mit Erotik und weiblicher Schönheit. Es ist auch eine beliebte Technik beim arabischen Mehndi, wie aus den Stilarten *Juti* und *Rawayid* in Saudi-Arabien zu ersehen ist.

Henna färbt die Fingernägel stark und dauerhaft. Es bleibt monatelang auf dem Nagel und wächst mit ihm heraus. Unter den Ägypterinnen hielt man es vor Tausenden von Jahren für schlechtes Benehmen, ohne Henna auf den Nägeln das Haus zu verlassen. Angesichts der Beliebtheit kunstvoller Nagelverschönerung ist heutzutage ein organisches Produkt, das die Nägel richtig färbt, anstatt sie nur mit einer Farbschicht abzudecken, eine interessante Alternative. In Indien schmücken die Frauen ihre Nägel mit Mehndi-Mustern, wenn sie ein Kind geboren haben, denn die Bemalung soll der frischgebackenen Mutter Schutz, Glück und eine schnelle Genesung bringen.

Die Finger sind ein überaus dynamischer Bestandteil der Mehndi-Erfahrung. Eines meiner Lieblingsmotive wird nur auf die Finger aufgetragen. Für die Mehndi-Künstlerin stellt die Arbeit mit den Fingern eine besondere Herausforderung dar, weil es sich um schmale Oberflächen mit abfallendem Horizont handelt. Sie nehmen die Farbe gut an, obwohl die Muster auf den Fingerrücken etwas schneller verblassen als auf der Innenseite.

*Diese Inschriften sind
flüchtig, winzig, häuslich,
dekorativ, Unterschriften
der Frauen auf ihren Kör-
pern, doppelsinnige, sub-
versive und umstürzleri-
sche Texte eines im Körper
verborgenen und mit dem
Körper gefeierten Selbst.
Die Motive nehmen nicht
nur gefangen, sie befreien
die betreffende Frau auch.*
KATHERINE YOUNG
IN WEDDING SONG

Die Überlieferung kennt viele verschiedene Fingermuster. Sie bedecken entweder nur die Fingerspitzen beziehungsweise die Innenseite der Finger oder wickeln sich wie Ringe oder Bänder um jeden einzelnen Finger. Die Muster werden passend zu Armreifen oder Ringen entworfen oder imitieren traditionellen indischen Schmuck. Beispielsweise können Ringe aus Henna um jeden Finger durch einen dünnen Farbfaden zu einem zentralen Medaillon auf dem Handrücken geführt werden und anschließend bis zum Handgelenk weiterlaufen. Die Wirkung dieses Musters stellt man sich am besten so vor, als ob winzige Kettenglieder die Ringe mit einem Armreif verbinden. Natürlich gibt es auch viele einfachere Möglichkeiten. Ein schmales Muster am unteren Ende des Daumens oder an der Unterseite der Handfläche bis hin zum kleinen Finger kann sehr reizend aussehen.

Mein Lieblingsfingermuster stammt aus Marokko. Es ist sparsam und doch verblüffend in seiner Einfachheit, bedeckt oft nur einen einzigen Finger oder ein Fingerglied und existiert in vielen aufregenden Variationen. Manche Muster breiten sich von einem einzigen Finger über den Handrücken bis zum Handgelenk aus.

## DER HANDRÜCKEN

Der Handrücken ist eine elegante Oberfläche für Mehndi-Muster. Eines der vielseitigsten Motive für die Hand sind Weinranken, die sich unvorhersehbar von den Fingerspitzen zum Handgelenk schlängeln, fließend, anmutig und einfach auszuführen. In Indien nennt man die schlängelnde Weinranke auf dem Handrücken *B hai ki bal*. Wein wird mit Glück und Wohlbefinden assoziiert, und die Ranken sind eine großartige Möglichkeit, um Narben, Altersflecke oder sonstige Unregelmäßigkeiten in das Muster einzuarbeiten.

Der Handrücken ist aber auch eine eigenwillige Oberfläche. Wenn die Haut sonnengebräunt und trocken ist, findet die Farbe unter Umständen nur schwer Halt. Menschen, die viel mit ihren Händen arbeiten, sind oft der Ansicht, die Bemalung würde auf dem Handrücken länger haften als auf der Handfläche. Das stimmt nicht. Mit wenigen Ausnahmen haftet Mehndi am längsten auf der Handinnenseite. Wem an langer Dauer gelegen ist, dem sei gesagt, daß Muster auf dem Handrücken (bei normaler Handwäsche) innerhalb von einer Woche bis zehn Tagen verblassen.

Die Bemalung des Handrückens unterscheidet sich grundlegend von der Bemalung der Handfläche. Bestimmte Muster sind für eine konvexe Oberfläche einfach besser geeignet als für eine konkave. Das hat möglicherweise mit der Funktion dieser Bereiche der Hand zu tun. Bei der Handfläche denkt man an Öffnung und Hingabe (an die Sonne, eine Blume oder ein Mandala), wohingegen der Handrücken eher als Schild fungiert – zum Schließen, Festhalten, Verteidigen. Viele der Motive, die ich für den Handrücken aussuche, sind von Eisenverzierungen oder Schutzsymbolen inspiriert, wie jene in Marokko, die den bösen Blick abwenden.

## DIE HANDFLÄCHE

Für eine Henna-Künstlerin ist die menschliche Hand eine unglaubliche Leinwand voll Geheimnis und Charakter – und die Handfläche ist ihre Mitte. Die bereits existierenden Muster und Linien bieten ein perfektes Sprungbrett für die kreative Phantasie – eine unwiderstehliche Einladung an Innovation und Improvisation. Die Hautfarbe auf der Innenseite der Hand ist oft viel heller als auf dem Handrücken. Aus diesem Grund sowie wegen der Temperatur und der Dicke der Haut erzielt man verblüffende Ergebnisse, wenn man Mehndi auf die Handfläche aufträgt. Geht man dabei sorgfältig vor und läßt die Paste über Nacht auf der Hand, bekommt das Muster eine tiefrote Farbe

mit scharfen Umrissen. Ist die Hand ungewöhnlich warm, kann der Farbton sogar bis ins Schwarze reichen.

Kreisrunde oder spiralförmige Entwürfe sind für die Handfläche bestens geeignet und meine persönlichen Lieblingsmuster. Konzentrische Kreise, gleichmäßig aufgetragen wie in einer Zielscheibe, bieten die vollkommene Grundlage für ein kunstvolles Mandala. Das Ausfüllen dieses Grundmusters mit Farbe ist eine traditionelle Technik im Mehndi und für die Künstlerin eine aufregende Möglichkeit zur Improvisation. Die komplizierteren Arbeiten werden für gewöhnlich innerhalb eines Kreises ausgeführt, wobei außerhalb des Motivs negativer Raum verbleibt.

## TRADITIONELLE HANDMOTIVE

Häufig bitten mich meine Kundinnen um traditionelle Handmotive. Diese treten in verschiedenen Formen auf. Traditionell, das können die *Nagsh*-Muster aus Saudi-Arabien sein (siehe 4. Kapitel), die großartigen geometrischen Muster aus Marrakesch oder die kunstvoll-filigranen Arbeiten Pakistans.

In Indien sind die traditionellen Mehndi-Muster dicht und verschlungen wie ein Spitzenhandschuh (siehe Abbildung). Traditionelles Format für diese Arbeit ist das Quadrat oder Viereck, das die gesamte Handfläche umschließt. Man nennt das auch das «Alte Mehndi». Ich habe viele herrliche Beispiele dieser Technik gesehen, die ihren eigenen Rahmen für ein großartiges und kunstvolles Muster schufen.

Wenn zwischen den Fingern und der Handfläche zwei gerade Linien gezogen werden, nennt man das *Java*. Bei dieser Technik scheint es sich um eine Adaption einer älteren Methode mit einem geschlossenen Viereck beziehungsweise Quadrat zu handeln. Die *Debake*- und *Dore*-Muster füllen anschließend den Leerraum aus. (Dore sind eigentlich die parallelen Linien in der Mitte, um die sich Blumenmuster ranken.)

In Indien ist es üblich, ein Symbol oder Motiv für die Handfläche zu wählen, das daraufhin in Mehndi-Muster eingearbeitet oder von ihnen betont wird: Paisleymuster, Weinranken, Pfauenfedern oder Spiralen füllen die Handfläche von den Fingerspitzen bis zum Handgelenk. Häufig umgeben sie ein zentrales Motiv, beispielsweise einen Pfau oder eine *Sakarpara* (eine Süßigkeit in Form eines Diamanten).

## MISCHFORMEN

Mischformen sind mir die liebsten – Adaptionen traditioneller Methoden, die von der individuellen Hand inspiriert werden. Die reiche Palette von Stilarten, die aus den verschiedenen Kulturen, in der diese Kunst heimisch ist, zur Verfügung stehen, bietet der zeitgenössischen Künstlerin unzählige aufregende

Möglichkeiten. Ich kann mir für die Finger etwas Afrikanisches aussuchen, während ich eine geöffnete Lotusblüte in die Handfläche male. Unsere Kultur setzt uns so wenig Grenzen. Die feine geometrische Arbeit der marokkanischen Henna-Künstlerinnen kann uns inspirieren und beeinflussen, ohne uns durch die Beschränkungen zu beengen, die den Frauen dort von der religiösen Doktrin auferlegt werden (beispielsweise das Verbot konkreter Abbildungen durch den Islam). Durch diese Beschränkungen gibt es bei den wenigen erlaubten Ornamenten eine überaus große Bandbreite an Optionen, und wir genießen das Privileg, von jahrhundertealter Erfahrung zu lernen, sie zu adaptieren und zu erweitern.

Das macht es interessant, auf bestimmte Bitten einzugehen, denn jeder Mensch bringt etwas Neues in diese Erfahrung ein. Eine Frau, die Congas spielte, wollte, daß sich eine Kobra ihren Arm herunter zur Handfläche und dann weiter in einem langen Diamantenmuster um ihr Handgelenk schlängelte, den Kopf in Richtung des Daumens. Wann immer ihre Schlange allmählich blasser wurde, kam sie zur Auffrischung zurück.

Eine Landschaftsarchitektin inspirierte mich dazu, einen winzigen Baum (kaum größer als zwei Zentimeter) mitten auf ihre Handfläche zu malen. Es war ein reizendes Bild, das eine persönliche Bedeutung für sie hatte und alle Betrachter lächeln ließ.

## DIE BEMALUNG BEIDER HÄNDE

Viele Leute wollen sich beide Hände bemalen lassen. Das ist für die Person, die sich bemalen läßt, eine echte Herausforderung, denn es bedeutet, daß sie mehrere Stunden lang weder eine Tür öffnen noch in eine Tasche greifen kann. In der Tradition der Henna-Bemalung ist es allerdings üblich, beide Hände zu verzieren. Ob für den *Guedra*, den Liebestanz Nordafrikas, oder für eine Hochzeit in Singapur, die Kraft dieses Mediums zeigt sich am besten in den Entwürfen, die die Symmetrie der menschlichen Form ehren.

Einige Muster beginnen in einer Hand und enden in der anderen. Eine Variation dieses Themas sind Entwürfe, die das Bild einer Hand in der anderen spiegelbildlich wiederholen. (Laut der indischen Handlesekunst symbolisiert die rechte Hand den Mann und die linke die Frau.) Spiegelbilder bei Henna-Bemalungen sollen die Vereinigung des männlichen und des weiblichen Prinzips verdeutlichen.

Zu meinen Lieblingsspiegelmustern gehört die Figur eines Vogels, der seine Flügel über die Handfläche und den Handrücken beider Hände breitet. Eigentlich sind es vier Vögel, deren Körper sich auf der Handkante unterhalb des kleinen Fingers befinden. Jeder bekommt einen Flügel auf der Handfläche und dem Handrücken sowie zwei weitere Flügel, sobald man die Hände nebeneinander hält. Wie schon im zweiten Kapitel erwähnt, gilt der Vogel als spiritueller Bote, der zwischen den Himmeln und der Erde verkehrt.

Ein Pärchen hat mich einmal gebeten, auf eine Hand von ihm und eine Hand von ihr einen Vogel zu malen. Einer von ihnen sollte am nächsten Tag mit dem Flugzeug verreisen, und sie wollten ein Foto von ihren Händen machen lassen, wie sie zusammen den Vogel formten. Ihre Hoffnung war, daß sie wieder vereint sein würden, bevor das Henna-Muster verblaßte.

## VORDER- UND RÜCKSEITE

Eine umfassende Arbeit mit den Händen reicht häufig über die Handfläche und den Handrücken hinaus bis zum Handgelenk. Ich habe ja schon erwähnt, daß die Haut auf dem Handrücken die Farbe nicht ganz so gut annimmt wie auf der Handfläche. Die Haut am Handgelenk und am Unterarm ist eine neuerliche Herausforderung. Sie färbt sich nicht so kräftig, und die Farbe kann sich unter Umständen vom Rest der Hand deutlich unter-

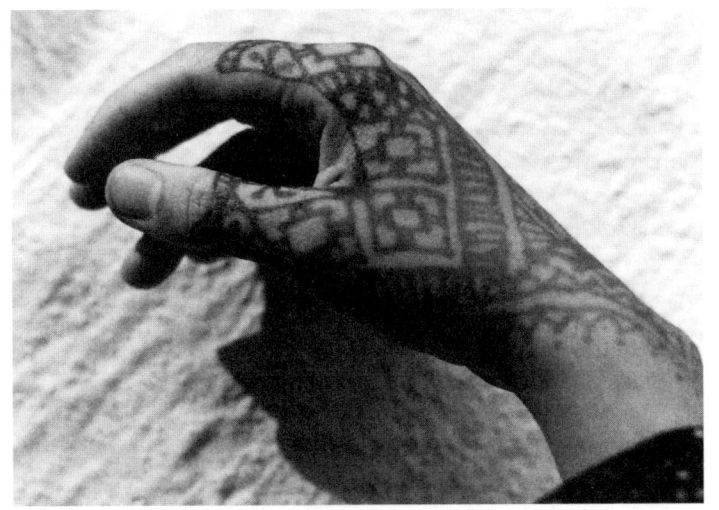

scheiden. (Farbe und Intensität können auch zwischen Unterseite und Oberseite des Handgelenks unterschiedlich ausfallen.) Die Härchen auf der Haut, die normalerweise am Handgelenk beginnen, verhindern, daß die dünnen Striche der Henna-Paste direkt auf der Haut aufliegen; es besteht die Möglichkeit, daß die Farbe nicht gut aufgenommen wird. In solchen Fällen sind klar umrissene, einfache Motive die bessere Wahl.

Trotz der Unregelmäßigkeiten der Hautarten, des Haarwuchses oder der Temperatur eröffnen das Handgelenk und die Arme aufregende Möglichkeiten, die Motive auf Händen und Fingern zu betonen und fortzuführen. Eine umfassende Arbeit an der Hand beginnt traditionellerweise in der Handfläche und verjüngt sich kunstvoll nach außen hin. Hinduistische oder muslimische Bräute sind häufig sehr stolz darauf, daß sich das Mehndi den Arm hinauf bis zum Brautkleid hochzieht. Länge und Detailreichtum des Mehndi werden bewundert, wie man eine teure Kette oder ein elegantes Kleidungsstück bewundern würde. Es ist ein Anzeichen von Wohlstand, gutem Geschmack und Status.

Variationen dieser aufwendigen traditionellen Formen können elegant und aufregend sein. Ein Beispiel hierfür wäre ein spitzenähnliches Muster, das sich wie eine Manschette um das Handgelenk schmiegt, wobei die Finger unbemalt bleiben. Oder ein Muster, das – wie mit Bleistift gezeichnet – den Umrissen der Hand folgt, sich aber dann an den Armen entlang weiterzieht. Die Möglichkeiten sind unbegrenzt.

Im wahren Geiste des Mehndi sind keine zwei Muster jemals völlig gleich, so wie niemals zwei Hände völlig gleich sein können. Diese Kunstform unterstreicht auf visuelle Weise ein Körperteil, das so voller Sinneswahrnehmungen steckt, so voller Lebenskraft und Energie, daß die Farbe im besten Fall eine Kraft ans Licht bringt, die bereits in den Händen schlummerte.

# HENNA FÜR DIE FÜSSE
# UND ANDERE KÖRPERTEILE

## 4. KAPITEL

Die Füße. Denken Sie nur daran, was wir mit ihnen alles tun können. Wir stehen auf ihnen, gehen mit ihnen, quetschen sie in unvernünftige Schuhe und wenden uns indigniert ab, wenn sie anfangen zu riechen. Hohe Absätze, juckende Nylonstrümpfe, feuchte Socken, Schuhe mit schlechten Riemen oder spitz zulaufende Schuhe – so sieht die Heimat der Füße westlicher Frauen aus. Im besten Fall geht die Durchschnittsfrau zur Pediküre, nachdem sie ihre Füße gnadenlos mißhandelt hat.

Die Tänzerinnen in Indien schmücken ihre Füße mit Henna oder Farbe. Sie binden kleine Glöckchen an ihre Knöchel, um den dynamischen Rhythmus des Tanzes noch zu unterstreichen. Sie betonen die natürlichen Bewegungen der Füße, heben und senken sie mit Eleganz und Können.

Westliche Ballettänzerinnen ahmen dagegen das Überirdische nach. Ihre Bewegungen sind phantastisch, ätherisch, nicht menschlich. Die schönen Linien und Formen ihrer Körper werden erzielt, indem sie ihre Füße in schmerzhaft unnatürliche Stellungen zwingen oder sie in Ballettschuhe schnüren. Trotzdem formen wir unser Schönheitsideal nach ihnen. Kein Wunder, daß wir unsere Füße als Sinnesinstrumente voller Anmut, Stärke, Beweglichkeit und Erotik sträflich vernachlässigen.

## EINE ANDERE PERSPEKTIVE

In Indien erhalten die Füße einer Frau eine gänzlich andere Aufmerksamkeit. Man sieht in ihnen den Punkt göttlichen Kontakts, die Stelle, an der Mensch und Erde sich treffen. Sie gilt als heiliger Knotenpunkt.

Die Technik des *Mandana* zelebriert diese Verbindung. Mandana ist die uralte Technik, kunstvolle Muster auf den Boden eines Hauses zu malen. Diese Muster gelten als Begrüßungssymbole und werden oft auf Türschwellen gemalt. Sie bestehen für gewöhnlich aus Reismehl oder Kuhdung und sollen sich im Laufe des Tages auflösen. Viele der Symbole im Mandana ähneln denen im Mehndi. In Mandana-Malereien finden sich auch stilisierte Darstellungen von Füßen oder Fußabdrücken.

Menschliche Fußabdrücke sind hoch angesehen, und bei vielen Riten geht es darum, deren symbolische Bedeutung zu verstehen.

Zu einer Eheschließung werden beispielsweise die Fußabdrücke der Eltern von Braut und Bräutigam mit Safran auf Stoff aufgedrückt. Diese Abdrücke nennt man *Paglyas*, und sie werden ein Jahr lang verehrt, bevor man sie beim zeremoniellen Abschluß des Rituals in Wasser eintaucht. Auf ähnliche Weise

Der Mann, der mit
Urbildern spricht, spricht
mit tausend Zungen …
Das ist das Geheimnis
eindrucksvoller Kunst.
H. E. HUNTLEY

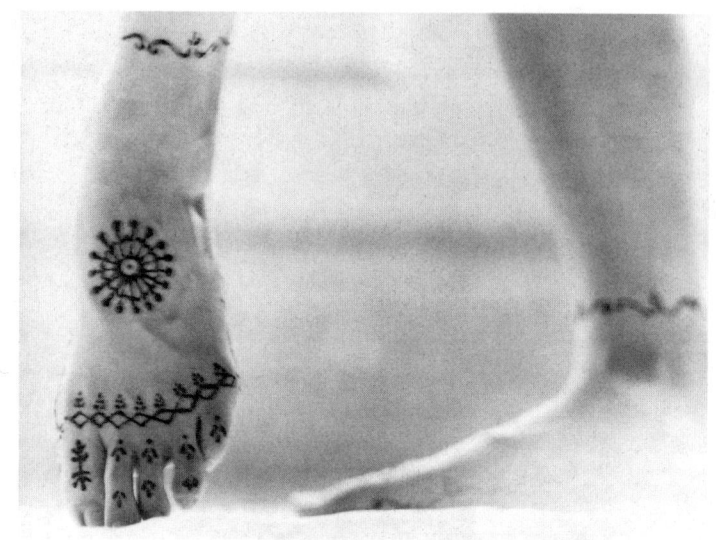

werden mit Henna-Paste winzige Fußabdrücke zu beiden Seiten der Tür aufgemalt, hinter der eben ein Kind geboren wurde. Ein tiefes religiöses Empfinden zeigt sich in der Verehrung der Füße, wie sie bis zum heutigen Tag existiert.

Es gibt eine herrliche Legende zur Geburt Buddhas, die diesen Punkt weiter ausführt. Es heißt, als Buddha geboren wurde, tat er sieben Schritte aus dem Schoß seiner Mutter, und Lotusblüten wuchsen an den Stellen, die er mit seinen Füßen berührte.

Von einer dunkleren Bedeutung erzählt Jogendra Saksena: In Indien glaubt man, daß man einen Menschen töten kann, wenn man «die Erde, in die sich seine Füße abdrücken, herausnimmt und sie mit einem Fluch belegt».

Henna wird nicht nur zur Verschönerung der Füße eingesetzt, sondern auch, um die Füße als Instrumente des göttlichen Schaffens zu verehren. Wenn eine indische Braut den ersten Schritt in das Haus ihres Bräutigams setzt, gilt das als überaus glücksverheißender Moment. Ihre Füße sind dafür kunstvoll mit Henna und Juwelen geschmückt. Bei hinduistischen Eheschließungszeremonien sollen Braut und Bräutigam etwas viel Größeres als nur sich selbst verkörpern, nämlich die Vereinigung des weiblichen und des männlichen Prinzips und somit die kreativen Kräfte des Universums. Da die Göttin Lakshmi in den Henna-Mustern zu finden und auch in der Hindu-Braut selbst verkörpert sein soll, heißt es, daß man Lakshmi persönlich in seinem Heim begrüßt, wenn man die Braut bei sich aufnimmt. Der Boden wird mit kunstvollen Mandana-Motiven bemalt, und über das Brautbett werden Blumen gestreut.

## DIE PRAKTISCHEN ASPEKTE VON HENNA AUF DEN FÜSSEN

Die Bemalung der Füße mit Henna begann wahrscheinlich aus rein praktischen Erwägungen. Die Nomadenstämme Afrikas und des Nahen Ostens kühlten mit Henna die Sohlen ihrer Füße und schützten sie vor dem brennenden Sand, auf dem sie reisten. Für mich war es anfangs ein Mysterium, warum Henna häufig als Mittel gegen Kopfschmerzen empfohlen wurde. Wie sich herausstellte, trägt man dabei Henna auf die Fußsohlen auf. So merkwürdig es auch klingen mag, aber Henna auf den Füßen gilt als «gut fürs Auge» (*Sihhat lil'ain*). Entzündete Augen sind ebenso wie Kopfschmerzen ein Zeichen für Überhitzung. Wenn man Henna auf die Fußsohlen aufträgt, lindert das die Symptome, weil der Körper vor der intensiven Hitze des Sandes abgeschirmt wird. Henna ist auch ein Heilmittel für Fußpilz, Schweißfüße, Hühneraugen, Blasen, kleinere Schnittwunden und Hautabschürfungen.

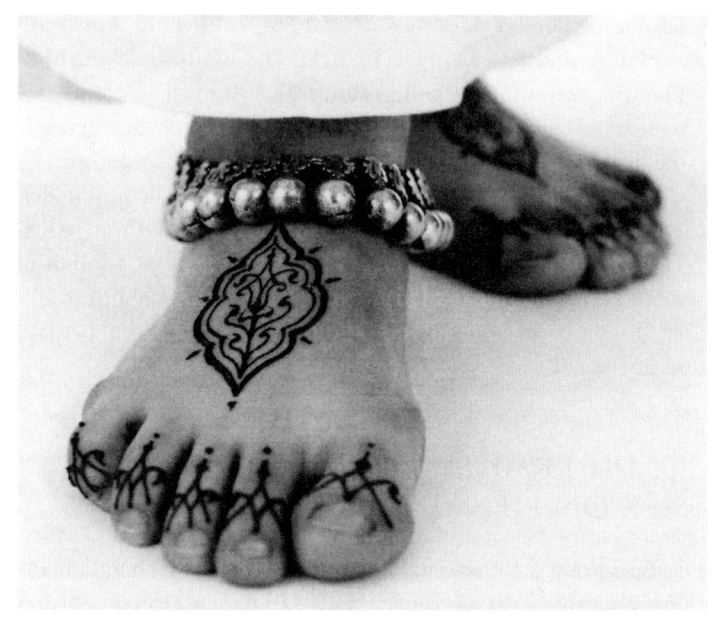

## DIE HENNA-BEMALUNG DER FÜSSE

Henna färbt die Fußsohlen ebenso kräftig wie die Handflächen. Die Farbe wird auf der Ferse, am Fußballen und überall dort, wo die Haut verhornt oder dick ist, am dunkelsten. Henna am Rand der Sohle nimmt ebenfalls einen tieferen Farbton an, während es auf dem Fußrücken und dem Knöchel heller ausfällt und schneller verblaßt.

Direkt hinter dem Knöchel befindet sich eine geheimnisvolle kleine Stelle aus besonders zarter Haut, die sich der Färbung verweigert. Möglicherweise fällt es Ihnen zu Beginn nicht auf, aber es ist eine der wenigen seltsamen «Verschwindestellen», auf denen die Farbe ganz schlecht haftet. So gibt es auch einen Fleck mitten auf der Fußsohle, wo der Fuß am seltensten in Kontakt mit dem Boden kommt. Das Henna fällt in diesem Bereich des Fußgewölbes oft viel heller aus und schafft einen

schönen Kontrast zum Rest des Fußes. Der Farbton bleibt dort
ein helles Orange, während er sich auf dem Fußballen und der
Ferse in burgunderrot oder schwarz verwandelt. Sie sollten das
bei Ihrer Planung berücksichtigen und die Farbunterschiede bewußt in Ihr Muster einarbeiten.

## FÄRBEN DER FUSSSOHLEN

Frauen, denen man vorschlägt, sich die Fußsohlen färben zu lassen, sind entweder bezaubert oder entsetzt. Jede, die schon einmal ein Mehndi machen ließ, weiß, daß die größte Hürde erst
nach dem Abschluß der Bemalung zu bewältigen ist. Henna
sollte mehrere Stunden auf der Haut bleiben, vorzugsweise eine
ganze Nacht lang. Da man mit Henna-Paste auf den Fußsohlen
nicht laufen kann, muß man geduldig und einfallsreich sein. Es
kann den Betroffenen ziemlich schwerfallen, über einen längeren
Zeitraum hinweg den Boden nicht mit den Füßen zu berühren.
Viele Frauen, die ich bemalt habe, mußten herumgetragen werden, was ebenso unpraktisch wie amüsant ist. Das kann zu einer
weiteren bemerkenswerten Dimension einer Brautfeier nach
amerikanischem Vorbild führen, da amerikanische Bräute oft
darum bitten, nur ihre Fußsohlen zu bemalen, damit jedweder
Hinweis auf Exotik unter ihren Brautschuhen verschwindet.

    Eine Braut, mit der ich gearbeitet habe, trank jede Menge
Champagner, während sie bemalt wurde, und mußte prompt
von zwei Männern auf ihrem Stuhl ins Badezimmer und wieder
zurückgetragen werden. Eine der lustigsten Geschichten aus
meiner Arbeit als Henna-Malerin erlebte ich mit zwei Frauen,
deren Fußsohlen ich kunstvoll bemalte und denen ich anschließend half, mit den praktischen Einzelheiten dieser Erfahrung
umzugehen, beispielsweise, wie sie nach Hause kommen sollten. Im Lauf der Zeit habe ich viele Frauen gesehen, die entweder in ein Taxi hickelten oder von Freunden und Partnern zur
Tür hinausgetragen wurden.

*Dieses Symbol von den Füßen Gottes taucht häu-fig im Mandana auf – eine Kunst, bei der die Böden mit heiligen und zeremoniellen Motiven bemalt werden.*

Nach einer Brautfeier, die 1996 in der Bridges + Bodell Gallery in New York veranstaltet wurde, schleppte die gesamte weibliche Gästeschar die Braut auf die Straße hinaus und bezahlte dann einen zufällig vorübergehenden Mann dafür, sie den Rest des Weges zu tragen.

In Aida Kanafanis Buch *Aesthetics and Ritual in the United Arab Emirates* findet sich eine herrliche Beschreibung der Fußbemalung. (Bei den Motiven, die hier erwähnt werden, handelt es sich nicht um kunstvolle Muster, sondern um das Einfärben großer Bereiche der Fußsohle.)

Die Frau, deren Füße bemalt werden, liegt auf dem Rücken auf einem Teppich, der mit einem Jutetuch abgedeckt ist, um Tropfen oder trocknende Kruste aufzufangen. Ihre Beine sind ausgestreckt und liegen mit den Knöcheln auf einem niedrigen Stuhl. Ein Kissen wird unter ihren Kopf gelegt, um es ihr etwas angenehmer zu machen, da das Färben der Füße ein langwieriger Prozeß ist. Die Frau, die das Henna aufträgt, muß ihre Hände einsetzen, denn die Henna-Paste wird großzügig und gleichmäßig dick auf die Sohle, die Seiten der Füße und die Zehen aufgetragen. Sobald beide Füße mit der Substanz bedeckt sind, bleibt die Frau mit leicht gespreizten Knöcheln liegen. Die Füße dürfen sich nicht berühren, damit das Muster nicht verwischt. Eine weitere Anwendung ist notwendig, um einen dunkleren Farbton zu erzielen. Wenn das Henna auf der Haut trocknet, bricht es an mehreren Stellen auf. Die Kruste fällt dann entweder von selbst herunter, oder die Frau kratzt sie ab. Meistens gehen die Frauen mit der Paste auf ihren Händen und Füßen, die sie mit einem Stück Leinen umwickelt haben, auch ins Bett. Diese Methode wird auch bei Kindern angewendet, die ansonsten die Bettlaken verschmutzen könnten. Über Nacht trocknet das Henna und färbt sich schwarz. Weitere Schichten sind daraufhin nicht nötig.

Häufig rate ich in diesen Situationen zu modernen Annehmlichkeiten wie Sofa und Fernsehgerät. Wenn man sich die Füße mit Henna bemalen läßt, ist das eine großartige Gelegenheit, sich ein paar Videos auszuleihen und sich das Essen kommen zu lassen. Idealerweise sollte eine Freundin bei Ihnen sein, deren Füße nicht bemalt sind, und die sich liebenswürdigerweise bereit erklärt, Sie für den Rest des Abends zu verhätscheln. Mein zweiter Ratschlag lautet, nur sehr wenig, wenn überhaupt, zu trinken.

Eine der Fragen, die man mir häufig stellt, lautet: «Kitzelt das?» Die Antwort: Nein, nicht beim Auftragen. Am meisten kitzelt es beim Abkratzen. Natürlich können Sie das Henna auch einfach mit Wasser abspülen, wenn Sie ganz furchtbar empfindlich sind, aber dann erhalten Sie nicht denselben tiefen Farbton wie beim Abkratzen.

## MUSTER UND MOTIVE

Zu den Mustern für die Füße gehören die besonders kühnen und auffallenden Motive der Wüste, der Nomadenstämme und Dorfgemeinschaften. Diese Motive sind einfach und praktisch, was aber nichts an ihrer großen Schönheit oder religiösen Bedeutung ändert. Mit dicken Linien und nach drei grundlegenden Stilarten bieten diese Muster aus den Vereinigten Arabischen Emiraten einen herrlichen Kontrast zu der Ornamentik aus Marokko und Indien. Ich erwähne im folgenden die entsprechenden Stilarten, damit Sie ein Gefühl für diese Arbeit bekommen.

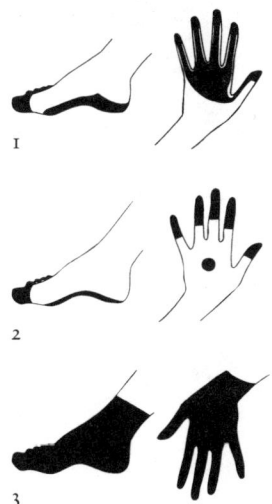

Zeichnung Nr. 1: *Gassah* (von dem Wort *qassa*, was «schneiden» bedeutet). Achten Sie auf die Kurven an der Fußinnen- und -außenseite, die beim Fußgewölbe beginnen.

Zeichnung Nr. 2: *Juti* und *Rawayid*. Bei dieser Technik ist die Kurve am Fußgewölbe nicht ganz so ausgeprägt wie bei Gassah. Der Unterschied zwischen Rawayid und Juti liegt in der Färbung der Finger, beim einen bis zum ersten Gelenk, beim anderen bis zum zweiten.

Zeichnung Nr. 3: *Ghamsah* («eintauchen»). Dieser Stil wird häufig von älteren Frauen verwendet. Der Fuß wird bis zum Knöchel mit Henna-Malereien bedeckt, bei der Hand bis zum Handgelenk.

Vergleichen Sie diesen Stil mit den vollendeten geometrischen Mustern aus Marokko und den wirbelnden Arabesken und Ranken aus Indien. Dabei wird deutlich, daß diese kunstvolleren Muster eine völlig andere Bedeutung haben. Der Schwerpunkt liegt auf Verschönerung und Verherrlichung. Bei diesen Techniken weist alles auf tiefen Respekt und Rücksichtnahme für diesen Teil unseres Körpers hin, auf den wir uns so sehr verlassen und dem wir es so wenig lohnen.

In Marokko wird diese kreative Ausdrucksmöglichkeit zur Verehrung genutzt. Wie im zweiten Kapitel bereits erwähnt, spricht man jeder noch so profanen Aufgabe die Fähigkeit zu, das Potential zur Verwandlung in sich zu tragen. Für die Städterinnen Marokkos – aus Fez, Marrakesch oder Casablanca – führt die veränderte Lebensweise auch zu einer veränderten Betonung ihrer Arbeit, basiert nun weniger auf Pragmatismus und mehr auf Kunstfertigkeit und künstlerischem Ausdruck. Die Motive sind daher feiner, spitzenähnlicher. Sie bedecken den Fußrücken, bisweilen bis hinauf zum Bein, doch für gewöhnlich nicht über den Knöchel hinaus.

Die meisten meiner Lieblingsmotive für die Füße stammen aus Marokko. Dort wird mit den beinahe architektonischen Strukturen der Füße und Beine auf herrliche Weise gearbeitet. Die Hand ist eine geheimnisvolle Blume, die sich öffnet, aber der Fuß ähnelt einer leicht schrägen dorischen Säule oder den Wurzeln eines Baumes. Er soll nicht festhalten, sondern aufrecht halten.

Ich hoffe, je mehr wir Menschen aus dem Westen über die verschiedenen Traditionen der Fußbemalung mit Henna lernen, desto größer wird unser Mitgefühl mit diesem Körperteil. Der Film *Kama Sutra* ist schon allein für die sinnliche und einfühlsame Aufmerksamkeit, die er dem weiblichen Fuß schenkt, se-

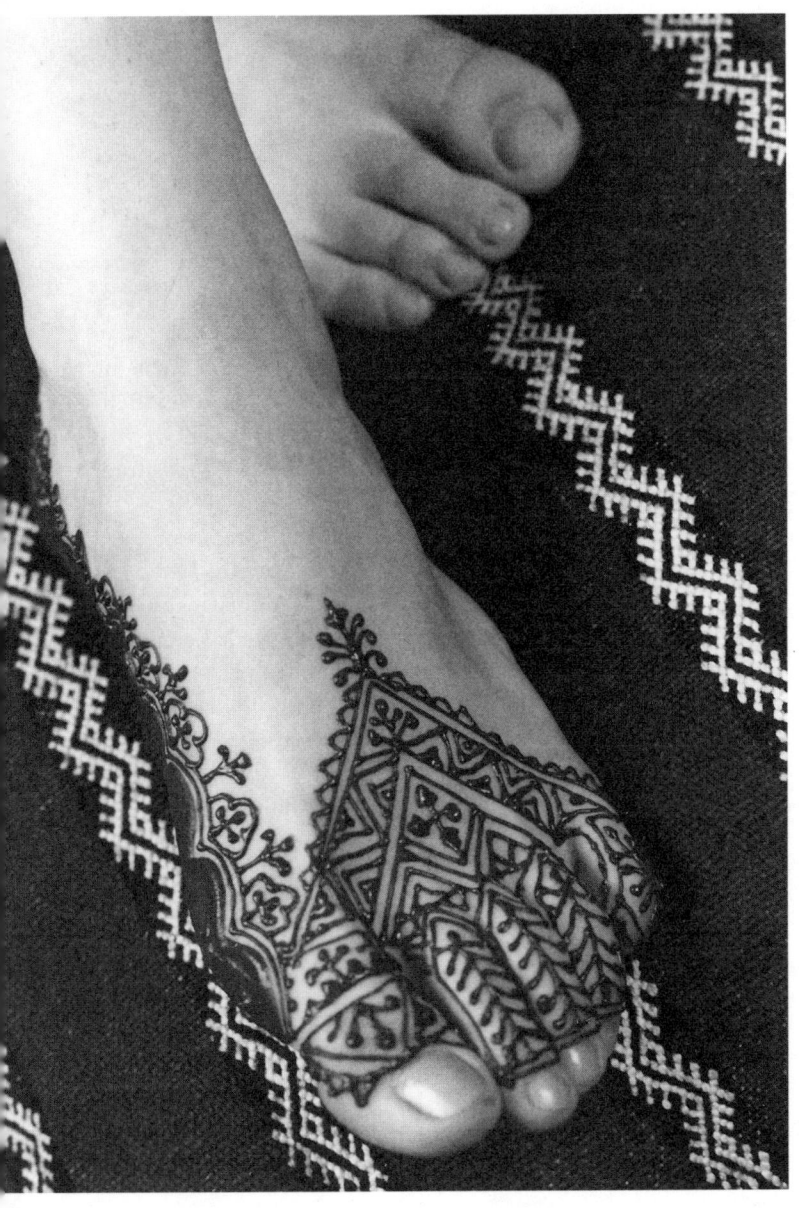

*Es fällt schwer, bei den herrlichen, mit Henna bemalten Füßen der Frauen in ganz Marokko zwischen Magie und reiner Dekoration zu unterscheiden …*
H. REINISCH UND
W. STANZER IN *BERBER*

henswert. Wenn diese Praxis Frauen wie mich ermutigen kann, in ihren Füßen mehr zu sehen als nur ein Fortbewegungsmittel, dann ist das wohl Grund genug, Henna eine magische Pflanze zu nennen.

## ANDERE KÖRPERTEILE

Henna findet üblicherweise auch auf anderen Körperteilen Verwendung, aber über diese Tatsache spricht man nur selten. Man erfährt es erst aus Büchern oder von Frauen aus dem Westen, die zum Beispiel nach Indien gereist sind und als Gäste zu vorehelichen Henna-Zeremonien geladen waren. Gelegentlich werden nämlich die Innenschenkel und der Schambereich der Braut ebenfalls mit Mustern geschmückt.

Eine Frau hat mir die Geschichte ihrer Großmutter erzählt, die im Iran lebte. Für ihre Hochzeit wurde ein Gedicht in Henna über ihr ganzes Bein gemalt. Brautmuster bedecken häufig große Bereiche der Arme und Beine, wie ich bereits erwähnte. Kunstvolle Muster, die sich über die Ellbogen und Knöchel ausbreiten, sind teuer, zeitaufwendig und erfolgen in erster Linie, um den Status und den Wohlstand einer Familie zu dokumentieren.

Der Farbton, den Henna auf der Haut hinterläßt, fällt unterschiedlich aus, je nach Individuum und Körperteil. Die Haut auf der Innenseite der Arme ist im allgemeinen etwas heller, und der Farbton fällt leuchtender aus als an den Außenseiten des Armes. Darüber hinaus nimmt der Innenarm die Farbe besser an, weil es dort keine Haare gibt. Die Wirkung von Henna auf dem Oberarm variiert von Frau zu Frau. Sie scheint in hohem Maße von der Blutzirkulation abzuhängen. Dasselbe gilt für die Beine. Der Farbton hängt dort von der Methode, der Haarentfernung sowie der Trockenheit der Haut ab.

Obwohl Frauen, für die Henna-Bemalung etwas Neues ist, oft um «Halsketten» bitten, ist die Haut am Hals, an den

*Die Bemalung verwan-
delt die Oberfläche
des Körpers in eine
ästhetische Fläche.*
KATHERINE YOUNG
IN *WEDDING SONG*

Schultern und am Schlüsselbein dünn, schält sich relativ rasch und nimmt die Farbe nicht gut an. Außerdem ist es mühsam, den Hals stillzuhalten. Sogar bei mehrfachem Auftragen verblaßt die Bemalung schnell, haftet im Schnitt nicht länger als eine Woche. Das gilt auch für das Gesicht, dessen Haut sich der Bemalung mit Henna wohl am stärksten widersetzt.

Wenn der Bauch warm ist, eignet er sich ganz gut, obwohl die winzigen Härchen auf dem Bauch verhindern können, daß die Paste in Kontakt mit der Haut kommt, insbesondere wenn die Frau bei der Bemalung nicht auf dem Rücken liegt. Im allgemeinen gestaltet sich die Bemalung des Bauches schwierig, weil es der Betreffenden eine Menge abverlangt. Damit die Paste auf der Haut bleibt, trocknen und eindringen kann, ist völlige Reglosigkeit erforderlich. Man kann nicht sitzen, sich nicht aufrichten, Auto fahren oder die Hosen anziehen, ohne das Muster zu verschmieren oder die Kruste abzukratzen.

Der Rücken bringt unterschiedliche Resultate, und ebenso wie auf der Brust schält sich die Haut dort besonders rasch. Auf den Brüsten fällt der Farbton normalerweise sehr hell aus, aber da die Haut der weiblichen Brust sowieso heller ist, kann die Farbe dennoch dunkler und ausgeprägter erscheinen als auf anderen Körperteilen.

Im allgemeinen reagiert Henna auf Hitze – wo immer es warm ist, beispielsweise auf den Innenseiten der Schenkel, wird die Farbe viel besser angenommen als auf den kühlen, dünnhäutigen Bereichen des Körpers.

## DER KITZEL DES EXPERIMENTIERENS

Mehndi ist traditionellerweise eine Kunstform für Hände und Füße. Dort leuchtet die Farbe am kräftigsten, und die Muster sind am eindrucksvollsten. Die Frauen im Westen fangen gerade erst an, etwas über die Henna-Bemalung zu lernen, und sie kennen keine der kulturellen Einschränkungen jener Frauen, die diese Kunstform in alter Überlieferung ausüben. Wir müssen unser Gesicht nicht verschleiern oder unseren Körper von Kopf bis Fuß bedecken. Wir zeigen mehr Haut, und natürlich sind wir daran interessiert, auch andere Körperteile zu bemalen.

Man muß jedoch die Grenzen dieses Mediums verstehen lernen. Für die Frau, die bemalt wird, ist es harte Arbeit, so lange still zu sitzen, wie die kunstvolle Bemalung aufgetragen wird. Dünne, kühlere Haut erfordert normalerweise ein mehrmaliges Auftragen, um einen Farbton zu erzielen, der dunkel genug ist, und trotzdem wird das Muster viel schneller verblassen als auf Händen und Füßen.

Dennoch ist es eine sichere, absolut gefahrlose Sache und macht Spaß. Es ist einfach unwiderstehlich, Henna am ganzen Körper auszuprobieren, und weil jede Frau anders ist, können auch die Ergebnisse ganz unterschiedlich ausfallen. Man weiß es erst, wenn man es versucht.

# DER ANFANG

## 5. KAPITEL

*Gott bringt aus Erde
Heilgewächs hervor,
und wer vernünftig ist,
verschmäht es nicht.*
JESUS SIRACH 38,4

Die erste Hürde bei der Arbeit mit Henna liegt darin, es zu finden. Der Kauf von gutem, frischem Henna ist der wichtigste
Schritt. Seit der Gründung des *Mehndi Projects* im Jahr 1996
sind viele neue Produkte auf den Markt gekommen, und ich
habe versucht, so viele wie möglich zu testen und zu bewerten.
Qualitativ hochwertiges Henna färbt die Haut kräftig und dauerhaft, selbst wenn man es nur mit Wasser mischt.

83

# DER EINKAUF

Es gibt mehrere Orte, an denen Sie sich Henna besorgen können: Läden mit indischen, islamischen, nahöstlichen oder marokkanischen Waren, Apotheken, Kräuter- und Reformkostläden, Aromatherapiegeschäfte oder Läden für besondere Körperpflegeprodukte und sogar in einigen Geschäften für Naturfarben.

Der Kauf von Henna und anderen Produkten kann zu einem aufregenden und erfreulichen Teil der Vorbereitungen werden. Die Suche nach Ingredienzien und Hilfsmitteln bietet Ihnen eine gute Gelegenheit, andere Kulturen und Lebensweisen zu erforschen. Suchen Sie in Ihrem Telefonbuch nach einem Laden mit Waren aus Indien oder dem Nahen Osten. Wenn Sie keinen finden können, besuchen Sie das nächste indische Restaurant und fragen Sie das Personal nach Hinweisen auf Händler der Region. (Wer zu weit von solchen Orten entfernt wohnt, findet im Anhang Namen und Telefonnummern von Läden, die ihre Waren auch im Versandhandel vertreiben.)

Ein Indienladen ist ein herrlicher Ort, um Ihre Beziehung zu Mehndi einzuläuten. Sie werden sich sofort in eine andere Welt versetzt fühlen, eine Welt der unvertrauten Gerüche und voller Regale mit geheimnisvollen Waren, einschließlich Kräutern, Gewürzen und Lebensmitteln. Die Öle, Tinkturen und Kosmetika unterscheiden sich grundlegend von denen, die wir hier im Westen kennen. In einem marokkanischen Laden finden Sie Schönheitsprodukte wie Kohl für die Augen, natürliche Rinden, um die Zähne zu bleichen, und Orangenblüten und Rosenwasser für den Körper oder das Essen.

Wenn Sie in einem solchen Laden Henna kaufen wollen, müssen Sie mehrere Dinge beachten. Ganz wichtig: Stellen Sie sicher, daß das Produkt, das Sie kaufen wollen, für die Haut und nicht für die Haare gedacht ist. Henna zum Färben der Haare ist häufig chemisch behandelt und besteht aus winzigen Zweigen und Blattresten anstatt aus dem feinen Pulver, das für Mehndi erforderlich ist. Dieses Henna ist nicht fein genug, um durch die schmale Spitze einer Mehndi-Flasche oder eines Trichters zu passen. Sie können dieses Problem auch nicht dadurch lösen, daß Sie das Henna kleinmahlen, wie man es mit Kaffeebohnen oder Gewürzen macht. Zwar können Sie das Henna durch ein Sieb geben, aber für gewöhnlich verlieren Sie dadurch einen hohen Prozentsatz des Produkts. Im allgemeinen ist Henna, das für die Haare gedacht ist, eine Zeit- und Geldverschwendung. Natürlich gibt es einige Ausnahmen zu dieser Regel, aber nur sehr wenige.

Bedenken Sie auch: Die Qualitätskontrolle bei Importprodukten aus Indien und dem Nahen Osten ist nicht die beste, und ich wurde schon oft betrogen. Ich habe Henna-Produkte gekauft, die überhaupt nicht färbten. Ich habe Tüten gekauft, die man bereits geöffnet hatte, deren Verfallsdatum überschritten war, die halb aufgebraucht oder sogar völlig leer waren!

Auf folgende Punkte sollten Sie unbedingt achten: Stellen Sie sicher, daß die Schachtel beziehungsweise die Tüte versiegelt ist und nicht geöffnet wurde. Manchmal habe ich eine Schachtel mit Henna nach Hause gebracht, nur um dort feststellen zu müssen, daß die Packung mit Tesa-Streifen wiederverschlossen worden war oder einen Riß hatte. Prüfen Sie, ob ein Verfallsdatum auf der Verpackung steht. Ein Produkt, das ich gekauft hatte, trug ein mit Leuchtstift «korrigiertes» Datum. Wenn auf der Verpackung «Schwarzes Henna» steht, dann ist das Produkt in aller Regel nutzlos. Zeigt eine Zeichnung oder ein Foto auf der Verpackung Mehndi-Motive in Schwarz, dann kann es sein, daß auf dieser Abbildung einer Hand oder eines Fußes die Paste noch aufgetragen ist. Das kommt oft vor und hat nichts mit der Qualität des Produkts zu tun.

Wenn Sie Henna in großen Mengen kaufen, müssen Sie ebenfalls auf einige Dinge achten. Henna, das auf diese Weise verkauft wird, gibt es für gewöhnlich in drei Farben: Schwarz, das für die Haare gedacht ist und die Haut nicht färbt; ein neutraler Ton, der so wenig Farbe wie möglich hinterlassen soll und für Mehndi ebenfalls ungeeignet ist; und Rot – genau das sollten Sie kaufen.

Das Henna-Pulver, das für Mehndi verwendet wird, sollte so fein wie Talkum- oder Babypuder sein. Es darf keine winzigen Zweige oder Blattsplitter beinhalten, wenn Sie filigrane Motive beabsichtigen. Ein Großteil des Henna, das üblicherweise in Großpackungen verkauft wird, muß mehrmals durch ein Sieb gegeben werden. Wenn dieses Henna dann auch noch besonders günstig verkauft wird, dann können Sie sicher sein, daß mindestens 30 Prozent davon für die Zwecke des Mehndi nutzlos sind. Manchmal müssen bis zu 60 Prozent des Henna weggeworfen oder für andere Zwecke (zum Beispiel zum Haarefärben) verwendet werden.

Die Qualität des Henna, das in Spezialgeschäften erhältlich ist und in großen Mengen verkauft wird, ist höchst unterschiedlich. Der Vorteil, Henna in einem Viertel mit hohem Hindu- oder Moslem-Anteil zu kaufen, liegt darin, daß es mit absoluter Sicherheit noch nicht allzu lange im Laden herumliegt, da es für alltägliche Unpäßlichkeiten ebenso benützt wird wie für kosmetische Zwecke. Versuchen Sie es. Kaufen Sie eine kleine Menge, und probieren Sie das Henna zu Hause aus. Wenn Sie das Glück haben, in einer Stadt zu wohnen, wo mehrere Läden frisches Henna führen, dann vertrauen Sie bei der Auswahl des Henna Ihrem Geruchssinn. Frisches, qualitativ hochwertiges Henna hat einen kräftigen Duft, wie frische Kräuter. Häufig ist es von grüner Farbe, obwohl es manchmal mehr zu Umbra oder Braun tendiert. (Bitte nicht mit neutralem Henna verwechseln, das immer eine hellbraune Farbe hat.)

## HÄUFIGE MISSVERSTÄNDNISSE

Henna färbt die Haut rötlich, aber dieses Rot kann von einem blassen Orange bis zu tiefem Rostrot oder Siena reichen. Es gibt kein Henna, das wirklich schwarz färbt. Wenn die Henna-Paste auf der Haut trocknet, wird sie schwarz, und Farbfotos, in denen das Henna schwarz erscheint, wurden in aller Regel aufge-

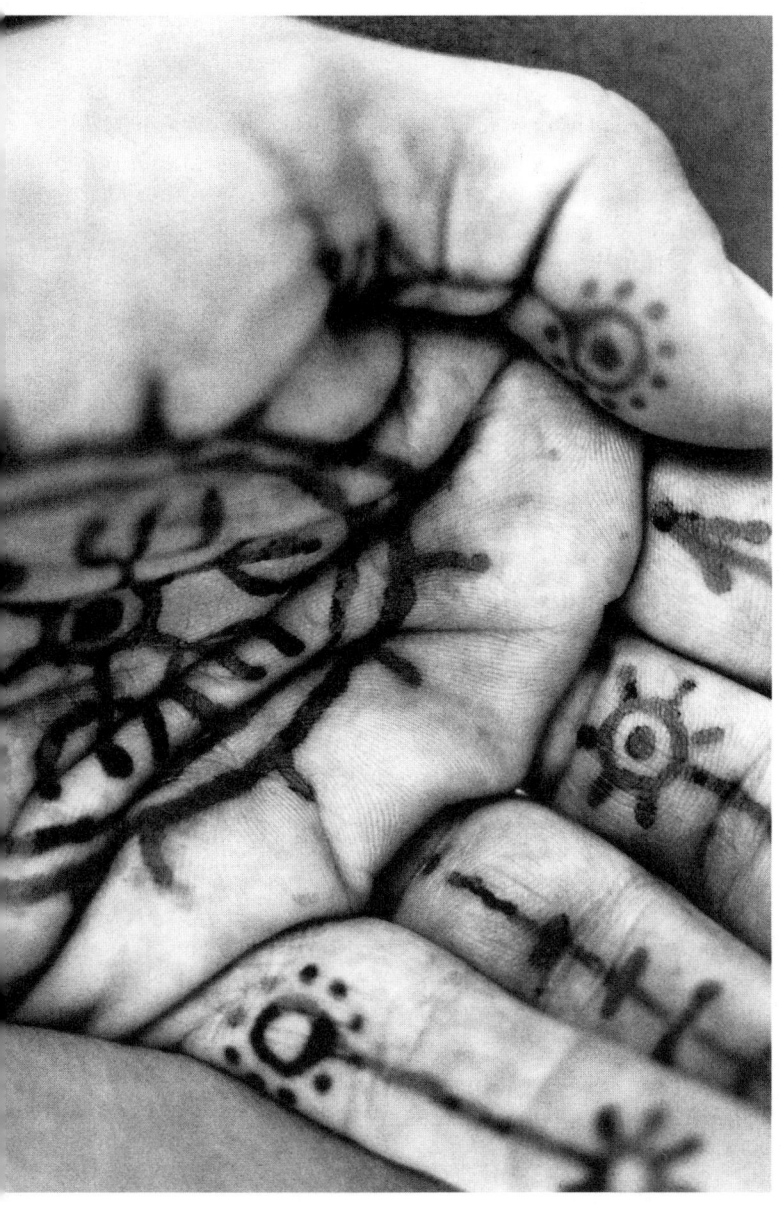

*In jedem Mehndi-Blatt steckt Farbe, doch gewinnt man sie erst, wenn man es zermahlt.*
Jogendra Saksena in
*The Art of Rajasthan*

nommen, bevor die Paste abgekratzt worden ist. Ein sehr kräftiges Henna kann gelegentlich eine schwärzliche Verfärbung hervorrufen, aber nur, weil die rote Farbe nachdunkelt. Eine dicke Schicht der Paste färbt sich, ebenso wie eingetauchte Fingerspitzen, schnell schwarz, aber die dünnen Linien zarter Muster tun das eher selten. Wenn doch, ist es für gewöhnlich die Folge mehrfachen Auftragens oder die Paste wurde bei entsprechender Hitze lange genug auf der Haut belassen. Alles andere ist auf chemische Zusätze oder Betrug zurückzuführen.

Anders färbendes Henna gibt es nicht. Die Farbe von Henna kann durch Substanzen verändert werden, die man dem Rezept hinzufügt, aber wenn Sie nach schwarzem, blauem oder lilafarbenem Henna suchen, werden Sie es nicht finden. Bitten Sie statt dessen um frisches, kräftiges Henna, und lernen Sie mehr über Rezepte und Applikationstechniken.

## WARNUNGEN

Ein Großteil des Henna, das auf dem Markt erhältlich ist, wurde chemisch behandelt. Auf der Verpackung kann sehr wohl «100 Prozent reines Henna» stehen, aber gern wird ausgelassen, was damit geschehen ist, bevor es verpackt wurde. Dieses Henna hat häufig einen unangenehmen, toxischen Geruch. Verschwenden Sie Ihre Zeit bloß nicht mit einem Produkt, das grau aussieht oder künstlich beziehungsweise verdorben riecht.

Hüten Sie sich außerdem vor bereits vorgefertigten Pasten, die in Trichtern oder Tuben verkauft werden. Echte Henna-Paste ist leicht verderblich und bleibt nur zwei bis vier Tage frisch. Fertigpaste wird mit Konservierungsstoffen hergestellt, und deren Wirkung auf die Haut ist bestenfalls fragwürdig. Solche Produkte empfehle ich nicht.

Wenn Sie sich dafür entschieden haben, vorgefertigtes Henna von einer örtlichen Künstlerin oder einem Salon zu kaufen, sorgen Sie dafür, daß keine scharfen Substanzen wie Terpentin, Kerosin oder Nelkenöl beigegeben werden, um die Farbe zu verstärken. Wenn Sie in der Paste etwas Merkwürdiges riechen, fragen Sie nach, welches Fixiermittel benützt wurde. Testen Sie ein neues Produkt immer erst auf einem kleinen Hautbereich, bevor Sie es anwenden.

Wenn Sie Anfängerin sind, und man Ihnen ein komplettes Mehndi-Set verkaufen will, seien Sie vorsichtig. Meistens werden diese Sets zu überhöhten Preisen verkauft und sind voll unnötiger Dinge wie billiger Applikatoren, Schablonen, Öle oder zusätzlicher Bestandteile. Was es nicht in ausreichender Menge gibt, ist Henna.

Im Grunde kostet ein Pfund anständiges, ungesiebtes Henna nicht viel, und wenn Sie für 100 Gramm dieselbe Summe zahlen, haben Sie eindeutig zuviel hingelegt.

## ANDERE BESTANDTEILE

Es gibt diverse Bestandteile, die sich für eine Mehndi-Paste eignen – in erster Linie schwarzer Tee. Ich nehme gern eine großzügige Menge an Teeblättern, wenn ich das Teewasser für Henna aufbrühe. Am wirksamsten und wirtschaftlichsten hat sich erwiesen, Tee in großen Mengen, aber in kleinen Läden zu kaufen. Fragen Sie nach dem dunkelsten verfügbaren Tee. Häufig wird das schwarzer Ceylon-Tee sein.

Dunkler Kaffee kann ebenfalls für die Herstellung der Henna-Paste verwendet werden. Dafür gehe ich vorzugsweise in Geschäfte mit Waren aus dem Nahen Osten, aber jeder Laden, der exotische Kaffee- und Teesorten führt, eignet sich ebensogut dafür. Achten Sie darauf, keinen aromatisierten Kaffee oder Kaffee mit hellen Bohnen zu kaufen. Je dunkler die Bohne, desto dunkler wird das Henna.

Ein weiterer Bestandteil, den Sie sich besorgen sollten, ist die Tamarinde, eine Frucht von dunkler Farbe, die sehr gut färbt. Mit ihr läßt sich die Farbe des Henna vertiefen. Sie ist ein beliebtes Lebensmittel, das man in Indienläden findet. Die Tamarinde ist eine Trockenfrucht, die wie Feigen oder Dörrpflaumen in kleinen viereckigen Packungen von etwa zwölf Zentimetern Länge verkauft wird. Ihre Samen sind daumennagelgroß und durchaus erschwinglich. Meiner Meinung nach kommt die für Henna am besten geeignete Tamarinde aus Thailand oder Indien; die Früchte aus der Dominikanischen Republik sind zu hell. Tamarinde gibt es auch als Konzentrat, das ebenfalls für die Herstellung von Henna geeignet ist.

Weitere Bestandteile, die sich in indischen oder nahöstlichen Läden finden lassen, sind Nelken, Senf- und Eukalyptusöl. Sie können ganze Nelken in großer Menge kaufen und dafür nur wenig Geld pro Pfund ausgeben oder für einen winzigen Behälter in der Gewürzabteilung Ihres örtlichen Supermarkts denselben Betrag bezahlen. Senföl ist ein Produkt, das ich ständig verwende, und ich habe es noch nie woanders gefunden als in Indienläden. Senföl riecht wie guter, scharfer Senf, und in vielen Fällen steht auf der Packung «nur zur äußeren Anwendung». Eukalyptusöl gibt es in Indienläden oder im Reformkosthaus. In letzterem wird es wahrscheinlich teurer sein, dafür aber von höherer Qualität.

## DIE EINKAUFSLISTE

Viele der Dinge, die ich hier auflistet, dienen einem Zweck, den ich in den nachfolgenden Kapiteln erkläre. Jedes spielt eine wichtige Rolle bei der Herstellung und beim Auftragen der Mehndi-Paste.

Das erste Hilfsmittel, das Sie kaufen müssen, ist ein Gerät zum Auftragen der Paste beziehungsweise die Bestandteile, um es selbst zu fertigen. Ich empfehle eine ganz normale kleine Plastikflasche, wie sie auch zur Seidenmalerei verwendet wird, oder den traditionellen Henna-Trichter.

Die Plastikflasche ist wohl die größte Entdeckung, die ich

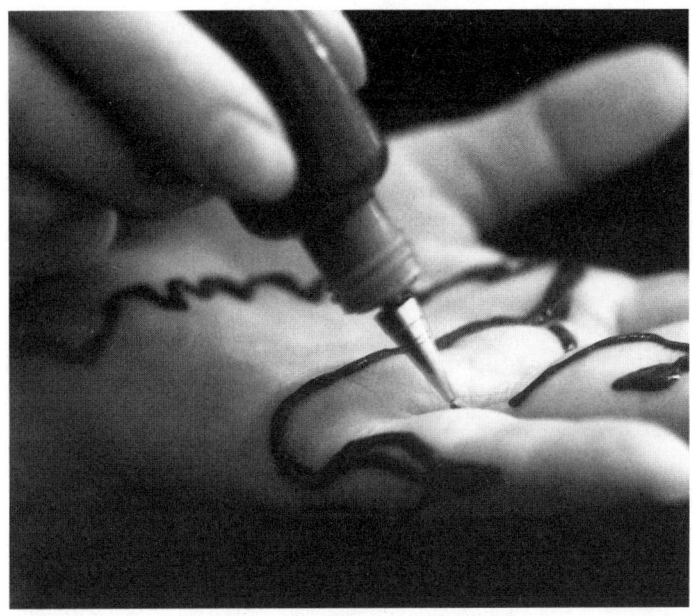

während meiner Arbeit gemacht habe. Ich habe jede nur er-
denkliche Auftragungsvorrichtung ausprobiert, von Konditor-
spritzbeuteln bis hin zu Spritzen, doch dann fand ich dieses
wunderbare Hilfsmittel. Diese Färbeflaschen gibt es im örtlichen Künstlerbedarf. Normalerweise findet man sie in der Hob-
byabteilung; sie wird dort neben Hilfsmitteln für Seidenmalerei
oder Batikarbeiten verkauft. Es handelt sich um kleine Pla-
stikflaschen mit einem Volumen von 50 Gramm und dazu-
gehörigen Metallspitzen, die es in drei Größen gibt: 0.05, 0.07
und 0.09 Millimeter-Öffnungen.

Auch wenn die Plastikflasche der Spender Ihrer Wahl
wird, brauchen Sie dennoch einen Plastiktrichter, um die Flasche zu füllen. Man kann das auch auf andere Weise tun, aber
solche Trichter sind eine einfache und wirksame Methode.

Die Herstellung eines Trichters erfordert strapazierfähi-
ges, vier Millimeter dickes Plastik in Form von Abdeckfolien

oder Gefriertüten. Mit dieser Art Plastik können aber auch eine Vielzahl anderer Produkte verpackt sein. (Wenn es Ihnen möglich ist, führen Sie es anschließend der Wiederverwertung zu.) Ansonsten können Sie einfach eine besonders strapazierfähige drei-auf-vier-Meter Abdeckfolie nehmen. Das kostet wenig, und Sie können damit für den Rest Ihres Lebens Trichter herstellen. Zum Verschließen und Abdichten des Kegels benötigen Sie Tesafilm.

Außerdem brauchen Sie ein Teesieb, die Art mit einem Griff. Der Umfang des Siebs darf nicht schmaler sein als die Hälfte einer Orange. Zu den weiteren wichtigen Hilfsmitteln gehören Papiertücher, Wattestäbchen, flache Zahnstocher und Wattebäusche oder -streifen. Achten Sie darauf, 100prozentige Baumwolle zu kaufen und keine synthetischen Kosmetikbäusche, die Henna-Künstlerinnen große Probleme bereiten können. Sie brauchen außerdem viele Zitronen, jede Menge Zucker sowie kleine Schüsseln und Plastiklöffel.

Zu den Spezialartikeln gehören Kohle, Weihrauch, Stachelschweinstachel, Münzen, Kerzen und eine Vielzahl von Gegenständen zum Abschälen. Die Kohle, die ich hier meine, wird in kleinen runden Scheiben verkauft und ist in Folie verpackt. Man findet sie in Läden oder auf Ständen, wo auch Weihrauch verkauft wird – und wenn man Weihrauch in loser Form kauft, kann man ihn über die brennende Kohle streuen.

# Einkaufsliste

| Basiskomponenten | Grundhilfsmittel |
| --- | --- |
| Henna | Trichter oder Flasche (mit Spitze) |
| Tee | Schere |
| Kaffee | Tesafilm |
| Quellwasser oder | Teesieb mit Griff |
| destilliertes Wasser | Keramik-, Glas- oder Holzschüssel |
| Zitronen | Holz- oder Plastiklöffel |
| Zucker | Zitronenpresse oder -reibe |
| | Stachelschweinstachel oder |
| | flacher Zahnstocher |
| | Baumwollwattebäusche oder |
| | -streifen |
| | strapazierfähige, durchsichtige |
| | Plastikfolie |
| | Abdeckfolie oder Gefriertüten |
| | Wattestäbchen |
| | Sieb |

| Freigestellte Ingredienzien | Diverses |
| --- | --- |
| Eukalyptusöl | Kohle |
| Senföl | Weihrauch |
| Nelken | kosmetisches Make-up |
| Applikatoren | Bimsstein |
| Okra | Luffa-Handschuh oder |
| Tamarinde | grober Stoff |
| Knoblauch | Kerzen |
| Pfeffer | Heizkissen oder Föhn |
| Orangenblütenwasser | Klarsichtfolie |
| Kardamom | Mull |
| (gemahlene) schwarze | |
| Walnußschalen | |
| Samen des Bockshornklee | |

# VORBEREITUNGEN

## *Das Sieben*

Das richtige Sieben von Henna-Pulver ist eine langwierige und arbeitsintensive Aufgabe. Es gehört jedoch dazu, außer man kauft vorgesiebtes (und teureres) Pulver. Dabei ist jedoch Vorsicht geboten, denn viele Firmen mögen zwar behaupten, sie würden vorgesiebtes Pulver verkaufen, aber schlußendlich zeigt sich das nur daran, ob es durch die Spitze Ihres Spenders paßt.

*Kaufen Sie niemals große Mengen an Henna, ohne es vorher ausprobiert zu haben.* Bevor Sie das Pulver en gros ordern, wären Sie auch als Fachfrau gut beraten, nachzufragen (und auszuprobieren), ob das Henna wirklich fein gesiebt worden ist.

Man merkt sofort, ob das Henna ungesiebt ist, wenn nämlich kleine Zweige oder größere Teilchen im Pulver zu erkennen sind. Henna sollte so fein wie Babypuder aussehen, obwohl es sich als schwierig erweisen kann, ein Sieb zu finden, das es fein genug durchsiebt. Viele Frauen benützen dazu Mull, obwohl das ein besonders langes und mühsames Unterfangen ist, denn man muß den Vorgang vier oder fünf Mal wiederholen.

Rahmentrommeln sind das Lieblingssieb in Marokko. In die Haut der Trommel werden kleine Löcher gebohrt, und beim Sieben kann man die Trommel am Rahmen festhalten.

Bei meiner unablässigen Suche nach feinerem Henna-Pulver erwiesen sich auch Nylonstrümpfe als gut geeignet. In Marokko werden sie manchmal über einen kleinen Holzrahmen gezogen, was eine ähnliche Wirkung wie bei einer umgedrehten Rahmentrommel erzielt. Nylonstrümpfe können auch über eine Schüssel oder einen Krug gezogen und mit einem Gummiband befestigt werden. Einige Frauen zwingen das Henna durch den Zeh eines Strumpfes, nachdem sie die Paste angerührt haben. Auch das muß mehrmals wiederholt werden.

Wenn Sie sich für ein Sieb entscheiden, können Sie es mit einem kleinen Teesieb oder einem Sieb für die Joghurtherstellung versuchen, letzteres ist sehr feinmaschig und etwas größer. Diese Geräte können jedoch nur wenige Gramm pro Durchlauf sieben, und selbst dafür braucht man oft eine Stunde.

Die Henna- und Keramikkünstlerin Judith Hooper hat mir für das *Mehndi Project* ein großartiges Geschenk gemacht. Sie hat das Talisman-Sieb entdeckt. Das Talisman-Sieb wird von Lieferanten für Keramikzubehör verkauft, und mit ihm läßt sich Henna viel leichter durchsieben. Es hat die Ausmaße einer großen Schüssel mit einem langen Griff, an der drei Bürsten befestigt sind, die das Henna durch das Netz pressen. Die Netze gibt es mit verschieden großen Maschen. Obwohl es ein teures Hilfsmittel ist, lohnt sich die Investition allemal, wenn Sie ernsthaft an dieser Kunstform interessiert sind, denn Sie sparen dadurch Zeit und Energie.

## WIE MAN SICH EINEN TRICHTER BASTELT

Der Trichter ist ein wichtiges Hilfsmittel bei der Kunst der Henna-Bemalung. Auch wenn Sie eine Plastikflasche oder einen anderen Spender gekauft haben, möchte ich Ihnen ans Herz legen, sich mit dieser einfachen und praktischen Technik vertraut zu machen. Ein Mehndi-Trichter ist nichts weiter als ein kleiner Plastiktrichter. Er ähnelt einem Spritzbeutel in Miniaturausgabe. In Indien und dem Nahen Osten wird er zum Auftragen von Henna am häufigsten benutzt.

Die Herstellung eines Trichters ist denkbar einfach. Der Trichter sollte fertig sein, bevor Sie die Paste anrühren, damit Sie ihn zur Hand haben, sobald Sie ihn brauchen.

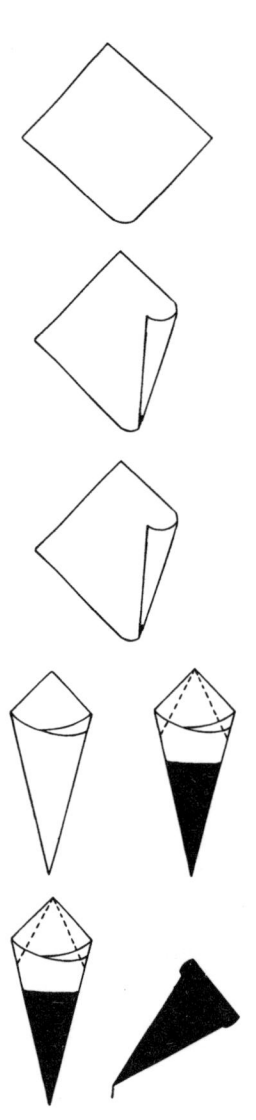

## Die Herstellung eines Trichters

*Schneiden Sie zuerst ein Rechteck von 15 auf 21 Zentimetern aus dem Plastik aus. Rollen Sie eine Ecke ein. Halten Sie das Plastik zwischen Ihrem Zeigefinger und Ihrem Daumen, und rollen Sie das Plastik dann zu einem Trichter, bis die Öffnung an der Spitze nicht größer ist als ein Stecknadelkopf. Kleben Sie jetzt mit einem Klebestreifen den Rand zusammen, und verstärken Sie die Spitze ebenfalls mit Tesafilm.*

*Geben Sie die Henna-Paste mit Hilfe eines Löffels hinein. Achten Sie darauf, daß der Trichter nur halb voll ist, sonst läßt er sich nicht mehr richtig schließen.*

*Um den Trichter zu schließen, schlagen Sie die Seiten ein, als ob Sie ein Geschenk verpacken. Falten Sie die Spitze ungefähr einen halben Zentimeter nach unten und dann immer so weiter, bis keine Luft und kein Platz mehr im Trichter übrig ist. Jetzt verschließen Sie den Trichter mit Tesafilm. (Sie können auch einfach den gesamten oberen Teil in der Hälfte zusammenfalten und ihn mit einem Gummiband abwickeln.) Das Versiegeln des Trichters ist überaus wichtig, sonst läuft Ihnen das Henna über die Hand, wenn Sie auf den Trichter drücken. Jetzt können Sie mit dem Trichter arbeiten. Wenn die Öffnung zu klein ist, kommt kein Henna durch. Versuchen Sie in diesem Fall, die Öffnung mit einer Nadel etwas zu weiten. Wenn Sie mit dem Trichter ausschließlich Henna in den Plastikspender füllen wollen, schneiden Sie die Spitze mit einer Nagelschere auf, damit mehr Henna hindurchkommt. Die Öffnung sollte aber schmal genug sein, um noch in den Flaschenhals zu passen. Wenn Sie einen Trichter für spätere Arbeiten zur Seite legen wollen, sollten Sie eine Stecknadel mit rundem Kopf in die Spitze stechen. Das verhindert das Austrocknen der Paste, und die Öffnung der Spitze wird nicht eintrocknen.*

# BEVOR SIE ANFANGEN

## Der Allergietest

Der Allergietest ist von großer Wichtigkeit. Es ist unwahrscheinlich, daß jemand auf das Henna an sich allergisch reagiert, aber ich kenne Menschen, die gegen die Zusatzsubstanzen allergisch sind, beispielsweise gegen die Öle oder sogar den Kaffee oder den Tee.

Testen Sie die einzelnen Komponenten auf kleinen Hautbereichen an mehreren Stellen des Körpers. Bei manchen Menschen reagiert die weiche Haut des Innenarms anders als beispielsweise die Haut auf der Handfläche. Man stellt am besten vorher sicher, ob der Körper auf alle Bestandteile positiv reagiert.

## Der Test des Henna

Prüfen Sie die Qualität Ihres Henna, wenn Sie schon dabei sind. Geben Sie einen kleinen Fleck auf Ihre Fußsohle, damit Sie sehen können, welcher Farbton dabei herauskommt. Nichts ist schlimmer, als sich Mühe mit einem kunstvollen Motiv zu geben, nur um dann festzustellen, daß das Henna nicht richtig färbt. Mischen Sie es mit etwas Wasser, lassen Sie es mindestens eine Stunde lang ziehen, und geben Sie es dann auf die Fußsohle. Wenn es vollkommen eingetrocknet ist, kratzen Sie es ab. Gutes Henna hinterläßt einen deutlich sichtbaren Fleck.

## Die Vorbereitung der Haut

Um die Haut auf die Bemalung mit Henna vorzubereiten, muß Sie gut eingefeuchtet werden. Sie können die Wirksamkeit der Farbe enorm verstärken, wenn Sie mehrere Tage vor der Bema-

lung damit beginnen, Lotionen oder Öle auf Ihre Haut aufzutragen. Weiche, gut eingefeuchtete Haut nimmt die Farbe viel besser an als trockene oder rissige Haut.

Die weitere Vorbereitung findet in der Nacht vor der Bemalung statt. Wenn Sie beispielsweise Ihr Bein oberhalb des Knöchels bemalen wollen, müssen Sie es enthaaren. Durch die Rasur der Beine in der Nacht zuvor schützen Sie die Haut vor Reizungen, die durch die Öle in der Paste hervorgerufen werden könnten.

Sie sollten Ihre Haut auch mit einem Luffa-Handschuh, einer Bürste, einem groben Tuch, einem Halbhandschuh oder mit Bimsstein peelen. In Marokko gibt es zahlreiche herrliche Peeling-Produkte, die hier jedoch nur schwer erhältlich sind. Mein Lieblingspeeling ist der Ayate-Waschlappen aus Magueyfasern, ein Kaktusfaserstoff der Agave-Pflanze.

## Die innere Vorbereitung

Schaffen Sie das passende Umfeld. Sehen Sie im Mehndi eine Art Verschnaufpause, keine weitere Aufgabe. Erledigen Sie soviel Arbeit wie möglich im Haus, damit Sie am folgenden Tag nicht allzu viel zu tun haben. Leihen Sie sich ein gutes Video – das ist die perfekte Weise, um einen Abend mit Henna auf der Hand zu verbringen.

Erst wenn Sie es ausprobieren, wird Ihnen klar, wie schwer es ist, ohne den Einsatz der Hände auszukommen. Wenn Sie sich eine Hand bemalen lassen, werden Sie die folgenden Dinge nicht tun können – und das ist nur eine Auswahl: Auto fahren, dem Geldbeutel Geld entnehmen, Lebensmittel kleinschneiden, spülen, die Haare zurückbinden oder Zahnseide benützen.

Wenn Sie sich beide Hände bemalen lassen, kommen die folgenden Punkte zu dieser Liste hinzu: Türen öffnen, die Zähne putzen, Hosen an- oder ausziehen sowie andere Aktivitäten, die mit der Toilette zu tun haben, sich etwas zu essen machen, ein Glas anheben, den Fernsehsender wechseln, das Licht ausschalten, die Hände ineinanderlegen.

Jetzt verstehen Sie vielleicht, warum viele Frauen fasten, bevor sie sich einer Henna-Bemalung unterziehen. Denken Sie daran, am besten erledigen Sie soviel wie möglich vorher und laden jemanden ein, der Ihnen zur Hand gehen kann. Es versteht sich von selbst, daß es jemand sein sollte, in dessen Gesellschaft Sie sich wohl fühlen.

All das läßt Mehndi jedoch auch zu einem herrlichen Vergnügen werden, wenn Sie diese Erfahrung mit der richtigen Person teilen. Falls Sie allein sind, lassen Sie immer nur eine Hand auf einmal bemalen.

# REZEPTE UND
# ANWEISUNGEN

Das Anrühren der Mehndi-Paste ist so persönlich wie Kochen
oder Backen. Farbe und Qualität des Henna unterscheiden sich
gravierend, je nach der individuellen Technik der Frau. Weil die
Farbe des Henna traditionellerweise mit der Liebe, die ein Ehemann für seine Frau empfindet, gleichgesetzt wird, überrascht
es nicht, daß ein gutes Rezept oftmals Quell großen Stolzes ist.
Zur Kunst, feine Henna-Paste herzustellen, gehören Geduld,
viel Übung und Experimentierfreude. Es gibt kein Richtig oder
Falsch; es gibt nur Ihren persönlichen Stil.

## DIE GRUNDLAGEN

Die beiden grundlegenden Ingredienzien bei dem folgenden Rezept sind Henna und Wasser. Wenn man mit hochwertigem Henna arbeitet, ist das alles, was man braucht. Natürlich muß das Henna gut gesiebt werden und das Wasser die richtige Temperatur haben, aber schon durch das Mischen von Wasser mit kräftigem Henna kann man einen schönen, tiefen Farbton erhalten. Leider ist Henna nicht immer allzu frisch, und selbst das Wasser kann zum Problem werden, wenn Sie Leitungswasser benützen. (Mineralwasser aus der Flasche ist stets die bessere Wahl.) Glücklicherweise gibt es einige Möglichkeiten, den Problemen abzuhelfen.

Bevor wir beginnen, gilt es, zwei wichtige Faktoren zu beachten: die Temperatur und den richtigen Zeitpunkt. Henna muß ziehen, wie auch Teig ziehen muß, damit er aufgehen kann. Wenn Sie damit arbeiten, bevor es bereit ist, kommen Sie nicht sehr weit. Wie der Brotteig braucht auch Henna Wärme. Das kann gar nicht genug betont werden. Im allgemeinen ist die Paste sechs Stunden, nachdem man sie angesetzt hat, am wirksamsten – aber nur, wenn sie während dieser Zeit bei der richtigen Temperatur aufbewahrt wird.

## VORBEREITUNG DES HENNA-PULVERS

Wenn Sie ungesiebtes Henna gekauft haben, ist das Sieben Ihr erster Schritt. Wenn Sie ein Produkt erstanden haben, das bereits vorgesiebt sein soll, seien Sie mißtrauisch, und überprüfen Sie das. Am leichtesten können Sie das tun, indem Sie eine kleine Menge der Paste mit etwas Wasser verrühren. Füllen Sie dann ein Plastikfläschchen, und probieren Sie aus, ob die Mischung mühelos durch eine 0.05-Millimeter-Öffnung paßt. Wenn die Spitze sich verstopft, müssen Sie das Pulver neu sieben.

Henna-Pulver muß in einem luftdichten Behälter aufbe-
wahrt werden, ebenso wie Mehl oder Gewürze. Sie können
Plastiktüten, Einmachgläser oder Plastikschachteln verwenden.
Die richtige Lagerung ist von entscheidender Bedeutung.
Strapazierfähige wiederverschließbare Plastiktüten gestatten
Ihnen, die ganze Luft herauszudrücken, bevor Sie die Tüte
verschließen.

## RECHTZEITIG LOSLEGEN

Bei der Herstellung von Henna gibt es mehrere Aufgaben, die
unbedingt rechtzeitig angegangen werden müssen. Bei einigen
Rezepten braucht man getrocknete Limonen, die mehrere Tage
lang (vorzugsweise in der Sonne) trocknen müssen. Manchmal
kann man getrocknete Limonen oder Zitronen in Spezialgeschäften kaufen, aber ich empfehle Ihnen, sie selbst zu trocknen.
Schneiden Sie die Limone in Scheiben, um den Prozeß zu be-
schleunigen, oder lassen Sie sie ganz (in diesem Fall dauert es
mehrere Wochen).

Teewasser ist ein weiterer entscheidender Bestandteil von
Henna-Rezepten. In der Nacht, bevor Sie Ihre Paste anrühren
wollen, sollten Sie den Tee zubereiten. Die Marokkanerinnen
glauben, wenn man den Tee über Nacht stehen läßt, erhöht das
die Potenz der Paste.

Sie können zu diesem Zeitpunkt natürlich auch noch andere Dinge hinzufügen. Experimentieren Sie, stellen Sie fest,
was für Sie am besten funktioniert. Verschiedene Ingredienzien
verändern die Farbe auf subtile Weise. Nur wenn Sie verschiedene Methoden ausprobieren, können Sie die Kombination finden, die für Sie am besten ist.

# DIE FLÜSSIGMISCHUNG

Fangen Sie mit einer gut zur Hälfte gefüllten Tasse dunkler Teeblätter auf ungefähr vier Tassen Wasser an. Kochen Sie davon
mindestens die Hälfte ab. Sie können später auch weniger Tee
nehmen, wenn Sie wollen. Dazu können Sie eine Vielzahl von
Ingredienzien geben. Ich fange immer mit einer Handvoll Nelken an (Nelkenpulver ist ebenfalls möglich, aber viel schwerer
vom Wasser abzuseihen) sowie getrockneten Limonen oder Zitronen. Gelegentlich füge ich getrocknete Granatäpfel, rote
Zwiebelschalen, schwarze Walnußschalen, Kardamom (schwarz
oder grün), Bockshornkleesamen, Paprika, Kurkuma oder
Safran hinzu. Es wären für die Mischung aber auch Instantkaf-
fee, Rote-Beete-Saft, Granatapfel- oder Tamarindenkonzentrat
möglich.

Die Henna-Künstlerin Stephanie Rudloe brachte mir bei,
Rosenblätter in das Teewasser zu geben. Rote Rosen verleihen
der Mischung eine rote Farbe, aber grundsätzlich geben die
Blätter jeder Rose (getrocknet oder frisch) der Flüssigmischung
und später der Paste einen angenehmen Duft. Der Duft richtiger
Rosen ist häufig stärker als der aller anderen Ingredienzien. Ich
persönlich gebe vor allem Tamarinde in den Tee. Einige Leute
glauben, es sei am besten, die Tamarinde dem Teewasser hinzuzufügen, nachdem es aufgekocht wurde, andere sind der Meinung, die Hitze helfe, eine dunklere Farbe hervorzurufen. Ein
wirksamer Kompromiß wäre, sie ganz am Schluß beizugeben.
Brechen Sie ein gut daumennagelgroßes Stück von der Packung
ab, und geben Sie es in die Mischung. Versuchen Sie, die Frucht
mit einem Löffel aufzubrechen, während sie durch die Hitze
weich wird.

Decken Sie den Topf dann mit einem Deckel ab, und lassen Sie die Mischung köcheln, bevor Sie sie über Nacht auskühlen lassen. Nehmen Sie die Teeblätter oder die anderen Bestandteile keinesfalls vor dem nächsten Tag heraus, sondern erst
dann, wenn Sie bereit sind, die Mischung anzuwenden.

# BEIZE: DER SCHLÜSSEL
# FÜR EINE INTENSIVE
# UND DAUERHAFTE FARBE

Eine Beize ist eine Substanz, die beim Färben benützt wird, um das zu färbende Material zu fixieren. Häufig bestimmt die Beize, wie intensiv und dauerhaft die Farbe wird und ob sie eher tiefrot oder schwarz ausfällt.

Eine Vielzahl von Substanzen wird beim Mehndi als Beize verwendet, und keineswegs alle sind der Haut zuträglich. Zitronensäure (von Limonen oder Zitronen) ist die in dieser Kunst am häufigsten verwendete Beize. Zusätzlich kann alles – von Terpentin bis hin zu Yak-Urin – als Beize verwendet werden, darum muß man sehr kritisch sein, was die verschiedenen Rezepte angeht oder wenn man sich für eine Henna-Künstlerin entscheidet.

Ätherische Öle sind großartige Beizen für die Henna-Bemalung, aber selbst sie sollten mit Vorsicht und Sorgfalt angewendet werden. Es sind kraftvolle Substanzen, die bei unsachgemäßem Einsatz schädlich sein können. Es ist wichtig, sich mit den Gefahren vertraut zu machen, indem man die Aufdrucke und Anweisungen genau durchliest. Gewarnt werden beispielsweise schwangere Frauen oder Menschen, die an Epilepsie leiden; sie sollten bestimmte Öle meiden.

Nelken- und Eukalyptusöl werden ebenfalls häufig im Mehndi eingesetzt. Beide sind mindergiftige Stoffe, die allerdings für jemanden, der sie häufig benützt, toxisch werden können. Nelkenöl kann außerdem zu Hautreizungen führen.

Ich selbst nehme von Nelkenöl Abstand, seit eine reizende Frau namens Owna (die, wie ich später erfuhr, auch auf andere Öle allergisch reagierte) einen furchtbaren Ausschlag auf der Hand bekam, als ich sie damit behandelte. Seitdem meide ich Nelkenöl. Zu meinem Rezept gehört statt dessen Eukalyptusöl, und damit habe ich nur positive Ergebnisse erzielt.

Die naheliegendste Lösung für Menschen, die diesen Bereich gänzlich meiden wollen, besteht darin, sich an Zitronen und Limonen als einzige Beizmittel in ihren Rezepten zu halten. Es besteht aber auch die Möglichkeit, vorsichtig und behutsam zu experimentieren und die Vielzahl an Alternativen auszuprobieren.

Hier eine Liste von Substanzen die Sie als Beizmittel keinesfalls verwenden dürfen: Benzin, Kerosin, Feuerzeugbenzin, Nagellackentferner, Farbverdünner, Terpentin, Ammoniak, Kalk, Harn (Urin) und auch nicht das in Indienläden und Geschäften mit Waren aus Nahost bekannte Mehlabiya-Öl beziehungsweise Mehndi-Öl.

Sie sollten sich auch vor Ausziehtusche, Lebensmittelfarben und Haarfärbemitteln hüten. Denken Sie daran: die Haut ist ein lebendes Organ des Körpers und für viele Substanzen, die für Haare und Nägel verwendet werden, nicht geeignet.

## DAS ANRÜHREN DER PASTE

Einige Leserinnen sind möglicherweise enttäuscht, weil ich in diesem Buch keine genauen Maßangaben mache. Lassen Sie mich erklären, warum ich mich für diesen Weg entschieden habe.

Unterschiedliche Henna-Sorten absorbieren Flüssigkeit in unterschiedlichem Maße, und die richtige Konsistenz hängt davon ab, daß man seiner Mischung die angemessene Menge an Flüssigkeit zugibt.

In diesem Abschnitt konzentriere ich mich auf ein Rezept, bei dem ungefähr eine halbe Tasse Henna gebraucht wird. Damit erhält man genug Henna, um kunstvolle Muster auf Händen und Füßen einer Person zu malen oder ein einfaches Motiv wie Armketten oder ein zentrales Bild für die Handfläche bei mehr als zwanzig Personen. Die Menge an Flüssigkeit, die man einer halben Tasse Henna zugeben soll, schwankt zwischen zwei Dritteln einer Tasse bis hin zu einer ganzen Tasse, je nach

Dicke der Flüssigmischung, der Qualität des Henna und der gewünschten Konsistenz der Paste.

Wenn Sie sich an die Herstellung der Henna-Paste machen wollen, gießen Sie die Teewasserlösung von dem Topf in eine Schüssel, ohne das Sediment aus Blättern und Gewürzen am Topfboden aufzuwühlen. Auf diese Weise geht der größte Teil Ihrer Flüssigmischung mühelos durch einen Filter oder ein Sieb. Danach sollten Sie die Handvoll Blätter, Samen und Früchte in der Mischung ausdrücken.

Ich hatte großes Glück, daß meine erste Lehrerin Rani Patel mir beibrachte, wie wichtig es ist, daß Finger und Hände in Kontakt zu den diversen Ingredienzien kommen. Für sie stellte jeder Finger eine elementare Kraft des Universums dar, und die Mischung mußte mit jedem einzelnen Finger berührt werden.

Sobald Sie die Teeblätter und die Tamarinde ausgepreßt und die Mischung durch ein feines Sieb oder einen Kaffeefilter gegeben haben, können Sie die Konsistenz der Flüssigmischung beurteilen. Wenn Sie genügend Bockshornkleesamen oder Kardamom benützt haben, hat die Substanz möglicherweise eine ähnliche Dicke wie Eiweiß. Wenn nicht, können Sie der Mischung noch ein oder zwei Stück Okra beifügen. Das Okra saugt sich voll und gibt gleichzeitig seinen Saft ins Wasser ab. *Frauenfinger* oder Okra (in Indienläden auch als *Bhindi* bekannt) verleiht dem Gebräu eine spuckeartige Konsistenz und muß aus der Mischung abgeseiht werden, bevor man sie dem Henna zufügt.

An dieser Stelle gebe ich immer gern einen Spritzer Espresso oder Teewasserlösung zu, aber erst, nachdem Okrafleisch und -samen abgeseiht wurden. Jetzt sind Sie soweit: Sie können das Henna hineinmischen.

Geben Sie das Henna-Pulver in eine Schüssel und die Flüssigmischung in eine zweite, und nehmen Sie zwei Plastiklöffel zur Hand. Geben Sie mit einem Löffel das Pulver in die Schüssel mit der Mischung, die Sie mit dem anderen Löffel umrühren. Wenn die Mischung eine Dicke erreicht hat, die der einer Kuchenglasur gleicht, rühren Sie so lange weiter, bis alle Klumpen und Pulvertaschen verschwunden sind.

Marokkanische Frauen kneten die Henna-Paste mit ihren Händen und klatschen sie kräftig gegen den Schüssel- oder Topfrand. Häufig hängt der Topf währenddessen über glühenden Kohlen, damit eine niedrige, gleichmäßige Hitze die Paste wärmt, während sie angerührt wird.

Wenn Sie die Paste gut durchgerührt haben, fügen Sie ungefähr zwei Eßlöffel frischen Zitronensaft und zwei Teelöffel Eukalyptusöl hinzu, und rühren Sie weiter. Wird die Mischung zu flüssig, geben Sie noch etwas Henna-Pulver dazu, um sie wieder einzudicken. Rühren Sie so lange, bis die Masse glatt ist.

## WIE MAN DIE RICHTIGE KONSISTENZ ERREICHT

Sie können die Dicke der Mischung überprüfen, indem Sie einen Löffel ein paar Zentimeter über die Schüssel halten. Das Henna sollte langsam vom Löffel abtropfen, wie Melasse.

Ein weiterer Test der Konsistenz Ihres Henna besteht darin, eine dünne Linie entlang Ihres Handgelenks oder Ihrer Handfläche zu ziehen und dann auf Ihren Handrücken zu klopfen. Verzieht sich die Linie, ist Ihr Henna zu dünn. Tropft es nicht vom Löffel, ist es zu dick. Henna sollte die Konsistenz einer dicken Lotion oder heißer Schokoladensoße haben.

Wenn Sie die richtige Konsistenz gefunden haben, lassen Sie das Henna mindestens zwei Stunden lang an einem warmen Ort stehen. Während dieser Zeit sollten Sie es entweder zehn Minuten lang umrühren oder die Schüssel mit Klarsichtfolie abschließen. (Dichtet man Henna auf diese Weise ab, gerinnt es manchmal; kompensieren Sie das, indem Sie noch etwas Henna-Pulver hinzugeben.) Für mich erreicht das Henna nach sechs Stunden seinen qualitativen Höhepunkt. Stellen Sie Ihr Henna niemals in den Kühlschrank. Die Paste kann ohne Probleme zwei oder drei Tage lang verwendet werden. Danach verliert die Farbe ihre Leuchtkraft.

In *Aesthetics and Rituals in the United Arab Emirates* schreibt Aida Sami Kanafani:

> Anschließend wird das Henna abgedeckt, und man läßt es von Mittag bis nach dem Abendgebet (*Salat il mahgreb*) ruhen (*tig'od* von *qu'ada*, sitzen). Die meisten Frauen färben sich nach dem Nachtgebet (*Salat il 'isha'*) Hände und Füße. Man glaubt, daß Färben über Nacht am wirkungsvollsten ist, insbesondere, wenn man das Henna die ganze Nacht auf der Haut läßt. Dabei wird das Henna angeblich schüchtern (*tistihi*) von *Haya*, Schüchternheit, ein Gedanke, der offenbar von der Farbe eines errötenden Gesichts herrührt.

## WIE MAN ZITRONENZUCKER HERSTELLT

Dieses Rezept für das Mischen von Zitronen und Zucker soll das Henna anfeuchten, nachdem es auf die Haut aufgetragen wurde. Man tränkt einen Wattebausch mit der Lösung und tupft mit ihm vorsichtig das bereits getrocknete Motiv ab. Die Anwendung von Zitronenzucker spielt für den Färbeprozeß eine wichtige Rolle. Dieses Mittel dient als Fixierung und schafft einen zuckrigen Belag auf dem Muster, der verhindert, daß das Henna abblättert. Die Zitrussäure vertieft die Farbe des Henna, gleichzeitig bildet der Zucker eine natürliche Schutzschicht. Nun können Sie die Hand mit Kerzen, Heizstrahlern oder Kohlen erwärmen, ohne die Paste dabei auszutrocknen.

Sie sollten den Zitronenzucker kurz bevor Sie mit dem Malen beginnen zubereiten. Denken Sie beim Ausdrücken der Zitrone daran, den Saft durch ein Sieb laufen zu lassen, bevor Sie ihn in den Zucker geben. Ansonsten könnten Zitronenfleischstücke an der Paste festkleben, und wenn man sie abkratzt, beschädigt man sehr leicht das zarte Muster.

Das Verhältnis von Zucker und Zitrone unterscheidet sich gewaltig von einer Künstlerin zur anderen. Ich gebe gern zwei Teelöffel Zucker auf einen halben Teelöffel Zitrone. Wenn die Zitrone sehr groß ist, auch etwas mehr. (Ist die Person, die ich bemale, in Eile, füge ich noch ein wenig Zucker extra hinzu, damit das Bild schneller beschichtet.) Einige Frauen bestehen darauf, daß man pro Teelöffel Zitrone einen Teelöffel Zucker nimmt. Ich habe festgestellt, daß die Mischung dadurch zu schwer wird, zarte Linien kleben am Wattebausch fest und werden von der Haut abgehoben.

In Marokko sind die Rezepte für Henna-Pasten eher einfach und die Rezepte für Zitronenzucker viel umständlicher. Jamila El Alaoui hat mir beigebracht, dem Grundrezept für Zitronenzucker Nelken, frischen Ingwer, Pfeffer und frischen, kleingehackten Knoblauch hinzuzufügen. Diese Ingredienzien werden aufgrund ihrer Fähigkeit geschätzt, Hitze zu erzeugen, und für ihre Klebrigkeit, wie im Fall des Knoblauchs. Das Ergebnis ist eine köstliche Marinade, die das Bild mit einer derart klebrigen Schicht versieht, daß die Paste häufig mit der Baumwolle abgeht, wenn man die Bemalung eingewickelt und über Nacht auf der Haut gelassen hat.

## TRADITIONELLE METHODEN

Die traditionellen Rezepte zur Henna-Herstellung erfordern Komponenten, die für viele von uns nicht leicht zu finden sind, beispielsweise Henna-Blätter. Mir ist es bislang nur gelungen, Henna-Blätter in pulverisierter Form zu erstehen, doch einige traditionelle Rezepte verlangen tatsächlich den Gebrauch frisch gepflückter Blätter. Ein derartiges Rezept aus Indien empfiehlt, man solle die Blätter «in ungekochter Milch einweichen».

Andere Pflanzensubstanzen wie Betelblätter, Katschu

oder Luzerneblätter sollen bisweilen mit dem Henna vermahlen werden, um die Farbe zu verstärken. So kann beispielsweise auch Bockshornklee mit den Henna-Blättern vermahlen werden. Mit frischem Indigo verleiht man dem Henna manchmal einen Hauch von Blau, aber die Blätter müssen frisch sein, da pulverisiertes Indigo keine Wirkung zeitigt.

In Malaysia benützt man statt Okra klebrigen Reis, um der Paste die gewünschte Konsistenz zu verleihen. In Afrika und dem Nahen Osten sind dafür Eier üblich.

Bei traditionellen sephardischen Hochzeiten muß über die mit Henna bemalte Handfläche der Braut Honig gegossen werden, nachdem man in deren Mitte eine Goldmünze gelegt hat. Ihre Hand wird dann den ganzen Abend vor der Hochzeit in Tücher gewickelt – damit sollen Wohlstand und Glück herbeigerufen werden, aber auch eine tiefe und dauerhafte Färbung.

## WEITERE EINFACHE REZEPTE

Bei einem Rezept, das in Afrika und Asien verbreitet ist, nimmt man statt Wasser Zitronensaft. Das Pulver wird in den reinen Zitronensaft gegeben; weitere Ingredienzien kommen nicht hinzu. Ich habe gehört, es sei am besten, die Zitronen zu halbieren und sie anschließend zwölf Stunden in die Sonne zu legen. Andere empfehlen, diesem Grundrezept noch etwas Eukalyptusöl hinzuzufügen.

Ein weiteres einfaches Rezept besteht darin, das Henna-Pulver mit heißem Wasser aufzurühren. Über die richtige Temperatur des Wassers herrscht eine hitzige Kontroverse. Die meisten vertreten die Ansicht, daß kochendes Wasser ein Fehler sei; dann gibt es jene, für die das Wasser unbedingt heiß sein muß, und andere, die auf kaltem Wasser bestehen.

Bei vielen Rezepten wird die eigentliche Paste mit Zucker eingedickt. Eine Künstlerin aus Indien oder Pakistan wird Zitronenzucker in die Henna-Paste geben, ihn aber auch separat benützen. Ein Standardrezept kombiniert Teewasser, Zitrone, Zucker und Nelkenöl. Manchmal wird «süßes Wasser» hergestellt, indem man ganz normale Süßigkeiten in Wasser auflöst. In Marokko mischt man Orangenblütenwasser mit Zucker, um «etwaige unangenehme Gerüche der Henna-Pflanze aromatisch zu bändigen».

Einige Rezepte sind bodenständiger als andere. Die Autorin Barbara Siegel Barber schreibt über ihre Mehndi-Erfahrungen in Tunesien:

> Mit reichlich Spucke formte sie einen kleinen Ball aus Henna und steckte ihn sich in den Mund, überzog ihn mit Spucke und rollte ihn erneut, bevor sie ihn mir auflegte. Alle weißen weiblichen Verwandten und Kinder traten herzu. Die Frauen sagten *Saha* zu mir, was in etwa «trage es mit guter Gesundheit» bedeutet, und ich erwiderte *Yatik saha*, «du auch».

## EIN GUTER RAT

Mehndi ist eine absorbierende Substanz. Es nimmt die Gefühle seiner Umgebung an. Wenn Sie achtlos und in Eile sind, wenn Sie Ihr Henna vor dem Fernsehgerät mischen, wird es nicht dieselbe Qualität haben wie bei einer Frau, die in dieser Arbeit eine Möglichkeit zu Meditation und Gebet sieht. Für mich bedeutet das Formen von Henna zu einer Paste, daß man eine jahrhundertealte Tradition anzapft, und an jedem Muster, das gemalt wird, haben viele unsichtbare Hände gearbeitet, gepflanzt, geerntet, gemahlen und gesiebt. Sie sind die letzte in einer langen Reihe. Ich empfehle Ihnen, einen Augenblick lang über die ehrfurchtgebietende Natur dieser Aufgabe nachzudenken. Versuchen Sie, bei jedem Schritt dieses Vorgangs so präsent wie möglich zu sein. Sie können durch Mehndi viel über sich selbst lernen.

Im Guten wie im Bösen, Henna lügt nie.

# AUFTRAGEN UND PFLEGE

## 7. KAPITEL

## VOR DEM AUFTRAGEN

Bei einem meiner Lieblingsbräuche aus Marokko wäscht man sich die Haut mit Rosen- oder Orangenblütenwasser, bevor mit der Bemalung begonnen wird. Ich habe auch gehört, daß manchmal eine Zitrone oder Limone in die Haut gerieben wird, um einen tieferen Farbton zu erzielen.

So kann man auch vor dem Auftragen der Paste Senf- oder Eukalyptusöl benützen. Diese Methode ist vor allem bei indischen Künstlerinnen beliebt, obwohl Eukalyptusöl meiner Meinung nach zu stark ist, um es direkt auf die Haut aufzutragen. Die meisten Künstlerinnen sind der Ansicht, daß Öl auf der Haut vor der Bemalung unnötig ist. Wichtig sei, den Bereich gut mit warmem Wasser zu waschen, um sicherzustellen, daß die Haut frei ist von Lotionen, Make-up, Sonnenschutzmittel, Ölen oder anderen Kosmetika, die die Poren verschließen und zwischen der Paste und der Haut eine Barriere errichten können.

## WIE MAN DAS HENNA AUF DIE HAUT AUFTRÄGT

Jetzt kommt der Teil, der am meisten Spaß macht.

Die Henna-Bemalung gleicht der Dekoration eines Kuchens. Das liegt daran, daß die Linien, die Sie erschaffen, dreidimensional sind. Die wichtigste Regel in der Kunst des Auftragens lautet: *Niemals mit dem Spender die Haut berühren.* Das Henna wird üblicherweise mit einem kleinen Zweig, einem Draht oder von den Fingern auf die Haut getropft. Dadurch sollen die Linien, wie dünn sie auch sein mögen, wie ein Seil auf der Haut aufliegen, nicht flach wie ein Geschenkband.

Die Dicke der Linie bestimmt die Menge an Farbe, die in die Haut dringt. Unerfahrene Henna-Künstlerinnen erkennt man daran, daß die Linien mit der Spitze einer Flasche, einem Stock oder einem Pinsel gezogen oder gemalt werden und Kontakt mit der Haut hergestellt wird. Die Linien sind dann nämlich dünn und flach – die Farbe ist wenig effektvoll. Gelegentlich gelingt es der Künstlerin, die Spitze der Flasche oder des Trichters in einem Winkel anzusetzen, der eine makellos gerade Linie hinterläßt. Aber dafür muß man den Spender in einem extremen Winkel, fast parallel zur Oberfläche halten, nicht senkrecht.

Diese Technik kann all jene, die seit Jahren zeichnen, ein wenig frustrieren. Wenn Sie versuchen, etwas zu schreiben, ohne mit Ihrer Hand auf der Seite aufzuliegen, bekommen Sie eine Vorstellung davon, wie merkwürdig dieses Gefühl für je-

Die künstlerische Heraus-
forderung scheint die einzige Aufgabe zu sein:
Können, Stil und Technik.
Doch das sind nur die
Zweige, Beweise einer
tiefer reichenden, sich
weit ausdehnenden Welt
unter der Oberfläche.

manden sein kann, der es gewohnt ist, seine Hand stets abzustützen und Kontakt zu haben.

Dazu kommt noch, daß Sie gleichzeitig an den Seiten der
Flasche Druck ausüben müssen, nicht an der Spitze wie bei
einem Pinsel oder Stift. Den Henna-Fluß kontrollieren zu lernen heißt, den richtigen Druck zur richtigen Zeit auszuüben.
Das fällt mit etwas Übung leichter, und mit der Zeit werden Sie
darin besser und schneller.

Sie werden darüber hinaus feststellen, wie mühelos es
wird, überaus feine Linien zu ziehen. Je mehr Sie üben, desto
dünner werden die Linien, die Sie zustande bringen.

## DIE RICHTIGE STELLUNG

Fangen Sie damit an, daß Sie sich und die Person, die Sie bemalen wollen, in die richtige Stellung bringen. Achten Sie darauf,
daß Sie beide es mit Hilfe von Kissen, den richtigen Stühlen und
was Sie sonst noch brauchen bequem haben. Wenn ich Hände
bemale, sitze ich gern neben der Person, die ich bemale, auf un-
gepolsterten Stühlen mit Armlehnen. Dadurch haben wir beide
unterhalb des Ellbogens eine Stütze. Setzen Sie sich immer an
die Seite der Hand, die Sie bemalen wollen – und wechseln Sie
Ihren Platz, wenn Sie mit der anderen Hand beginnen. Ansonsten ist es für Sie beide eine Energieverschwendung.

Wenn ich auf dem Boden sitze, plaziere ich die Kundin
neben mich und lege ihre Hand auf meinen Schoß. Am Tisch nebeneinander zu sitzen kann durchaus auch effektiv sein – obwohl es manchmal einfacher ist, sich an einem kleinen Tisch ge-
genüberzusitzen und sich mit den Händen in der Mitte zu
treffen. Ich persönlich ziehe es jedoch vor, neben der Person zu
sitzen, die ich bemale, und keinen großen Gegenstand wie einen
Tisch zwischen uns zu haben.

Wenn ich an Füßen arbeite, ist es mir am liebsten, daß die
Person, die ich bemale, auf einem Trittstuhl mit Rückenlehne

sitzt und die Beine überkreuzt. Am besten sind die Küchenstühle, die in Mode waren, als meine Großmutter noch klein war. Sie sind perfekt für Arbeiten am Fußrand und haben eine angenehme Höhe.

Die marokkanischen Künstlerinnen, mit denen ich gearbeitet habe, positionieren die Hände und Füße ihrer Kundinnen sehr geschickt mit Hilfe von Kissen. Marokkanische Sitzkissen, die man in Marokkoläden kaufen kann, sind dafür perfekt geeignet, weil es sie in einer Vielzahl von schmalen, rechteckigen Formen gibt. Es sind feste, mit Stoff überzogene Kissen, ideal geeignet, um sie sich in den Schoß oder auf einen niedrigen Tisch zu legen. Man kann damit den Knöchel, den Arm, die Hand oder den Fuß der Kundinnen abstützen.

Wenn Sie sich selbst und die Person, mit der Sie arbeiten, in die richtige Stellung bringen wollen, dann denken Sie an die Aufgabe, die vor Ihnen liegt. Wollen Sie beide Handflächen bemalen? Wird die eine kunstvoller ausfallen als die andere? Das bestimmt, wie Sie anfangen und welche Position Sie beide einnehmen sollten.

Für kunstvolle Arbeiten an Handrücken und Handfläche empfehle ich einen Tisch. Bei der traditionellen Henna-Arbeit beginnt man oft oben am Mittelfinger und arbeitet sich bis zum Handgelenk hinunter, wobei man allmählich zur anderen Seite der Hand übergeht. Ich ziehe es vor, erst die Handfläche zu bemalen und die Finger auszulassen. Dann bitte ich meine Kundin, ihre Hand umzudrehen und sie mit den Fingerspitzen auf dem Tisch abzustützen – wobei der Ellbogen noch auf der Armlehne des Stuhles aufliegt. Auf diese Weise können wir uns für die schwierige Arbeit auf dem Handrücken beide gut abstützen. Ist das nämlich nicht der Fall, werden Sie beide gegen Zittrigkeit und Ermüdungserscheinungen ankämpfen müssen. Es lohnt sich immer, sich die Zeit zu nehmen und über das Muster nachzudenken, das Sie malen wollen, und anschließend eine Position zu finden, die Ihre beiden Körper dafür am besten abstützt.

# HILFSMITTEL UND RATSCHLÄGE

Wie bei jedem Medium kommt es auch hier auf die richtigen Hilfsmittel an. Ich kann mit voller Überzeugung sagen, daß eine Plastikflasche zum Färben das mit Abstand beste Produkt ist, das es für diese Arbeit auf dem Markt gibt. Natürlich ist ein Trichter für die Henna-Bemalung immer noch besser, aber es erfordert sehr viel Übung, um sich mit dieser Technik wohlzufühlen.

Wenn Sie daran interessiert sind, professionelle Henna-Künstlerin zu werden, dann rate ich Ihnen, den Umgang mit dem Trichter zu erlernen. Zum einen schützt das Ihre Hand vor Verletzungen durch ständig gleiche Bewegungsabfolgen. Die Plastikflasche läßt sich viel schwerer drücken und kann zu Krämpfen in der Hand führen, wenn man Mehndi mehrere Stunden am Tag praktiziert. Der Trichter ermöglicht darüber hinaus eine noch feinere Linie als sogar die 0.05 Millimeter-Spitze, obwohl Metallspitzen weniger häufig verstopfen.

Auch folgende Gegenstände sind geeignet, um Henna aufzutragen: Streichhölzer, Nadeln, Zahnstocher, kleine Zweige, Draht (aus Silber oder Gold, wenn man sich das erlauben kann), Weidenruten aus einem Besen, leere Tintenpatronen, Spritzen, wie man sie in der Tiermedizin kennt (mit einer langen Nadel, die dann gekürzt wird), Stachelschweinstachel, Fleischspieße, Stricknadeln, Kholstäbe (häufig aus Elfenbein oder Sandelholz gefertigt), Spritzbeutel (Achtung: sie sind porös und spritzen Farbe auf Ihre Hände), Plastiktüten (mit einem Loch darin), Kalligraphiestifte, Federkiele oder Gräten.

Am faszinierendsten ist für mich die traditionelle Methode, spinnendünne Linien zu erzeugen, indem man Henna nicht mit einem Spender aufträgt, sondern zwischen zwei Fingern herabtropfen läßt. Man preßt dabei Daumen und Zeigefinger zusammen, zieht sie dann auseinander und bekommt so dünne Seile aus Paste, die dann an Ort und Stelle gelegt werden. Durch Bockshornkleesamen, Kardamom, Gummiharz, Zucker oder Okra bekommt die Paste die spuckeähnliche Konsistenz, mit der diese Methode des Auftragens möglich wird. Es ist die traditionellste Methode Indiens und eine, die von jüngeren Künstlerinnen nur selten praktiziert wird, da sie mit Materialien aufgewachsen sind, die noch vor Jahrzehnten unbekannt waren.

Beim Mehndi gibt es zahlreiche Hilfsmittel, die die Flasche oder den Trichter als Spender ergänzen. Eines davon ist der Stachel eines Stachelschweins. Ich habe gehört, daß man damit in Nordafrika das Henna bisweilen sogar aufträgt, aber ich ziehe es vor, mit dem Stachel nur Korrekturen vorzunehmen und unsaubere Stellen auszubessern. Flache Zahnstocher sind die nächstbeste Wahl, aber das Holz ist häufig porös und splittert, und bei einer einzigen Sitzung verbrauche ich oft eine ungeheure Zahl von Zahnstochern. Spitze Gegenstände wie Nadeln, normale Zahnstocher, Stecknadeln oder dünner Draht bieten nicht die Fläche, die nötig ist, um eine Henna-Linie exakt auszurichten. Der Stachelschweinstachel ist scharf und hat an einem Ende eine dünne Spitze, darum kann man damit kleine Fäden (von dem mit Zitronenzucker getränkten Wattebausch) aus der trocknenden Paste ziehen und winzige Unregelmäßigkeiten im Muster beheben. Die andere Seite eines solchen Stachels ist breit und konisch, ideal dafür geeignet, um Linien auszurichten und größere Gebiete zu überarbeiten, wo verlaufendes Henna oder schlechte Plazierung zu schneller Abhilfe zwingen.

Andere hilfreiche Werkzeuge sind Wattestäbchen, Make-up-Applikatoren oder sogar ein Stück von einem Papiertuch, das um das Ende eines Zahnstochers gewickelt wurde. Alles, was die Paste im Falle eines Fehlers oder Unfalls schnell anheben kann. Wenn das Henna sehr intensiv ist, bleibt Ihnen kaum Spielraum für einen Irrtum. Schon dreißig Sekunden reichen aus, um einen Fleck zu hinterlassen. Normalerweise können Sie jedoch kleinere Korrekturen vornehmen, bevor das Henna trocknet. Benützen Sie ein angefeuchtetes Wattestäbchen, um die Haut abzuwischen, nachdem Sie die Paste entfernt haben. Aber denken Sie daran, daß sich die Farbe des Flecks in den nachfolgenden 24 Stunden noch vertieft, und dazu gehören auch die Fehler, obwohl sie im Vergleich zum Rest des Bildes sehr blaß ausfallen.

Beim richtigen Mehndi gehen Irrtum und Innovation Hand in Hand. Fehler gibt es nicht, nur Variationen, und diese definieren den einzigartigen Charakter jedes einzelnen Entwurfs. In der Regel sollten Sie den Irrtum also nicht beheben – arbeiten Sie ihn einfach ein.

## HILFREICHE HINWEISE

Ringe, Armreife, Armbänder und Knöchelketten folgen alle denselben Prinzipien beim Auftragen. Wenn Sie eine Armkette malen, sollten Sie in der Mitte des Handgelenks beginnen. Sie können auf beiden Seiten anfangen, achten Sie nur darauf, genau in der Mitte zu beginnen. Sobald Sie das Band oder die Linie bis zum Rand gezogen haben, setzen Sie das Muster langsam zu beiden Seiten des Gelenks fort. Die Daumenseite des Gelenks ist normalerweise ganz einfach. Auf der anderen Seite verzerrt sich allerdings die Haut, sobald die Kundin den Arm dreht, um in Ihre Reichweite zu gelangen. Bitten Sie sie statt dessen, die Hand wie beim Schwur anzuheben. Wenn Sie soviel gemalt haben, daß ein Teil des Musters zu beiden Seiten sichtbar ist, können Sie den Arm umdrehen – Sie sind jetzt in der Lage, die Armkette zu vervollständigen.

Bei Bildern, die nicht auf Hände oder Füße aufgetragen werden, ist eines am wichtigsten: Sie müssen dick sein. Gewagte Muster sehen einfach besser aus. Sie können natürlich dennoch zarte Motive verwenden, aber keine sehr dünnen Linien, weil Sie für eine halbwegs anständige Farbe eine dicke Schicht aus Henna benötigen.

Heben Sie niemals den Arm oder das Bein der Betreffenden an, um über den abfallenden Horizont hinauszusehen. Wenn Sie ein Armband malen, drehen Sie die Person so, daß sie

Ihnen ins Gesicht sieht oder Ihnen den Rücken zukehrt. Diese Technik macht es möglich, ganze Armbänder zu malen, ohne sich in unbequeme und unbeholfene Positionen zu verrenken.

Beim Bemalen der Fußsohlen ist es erfahrungsgemäß am besten, wenn man die Paste nach ein paar Stunden abkratzt. Man bekommt dennoch einen tiefen Farbton. Versucht nämlich die Kundin, zu gehen oder ins Bett zu gehen, ohne die Füße hochzulegen, verschmiert die Paste und ruiniert das Bild.

Wenn Sie die Paste großflächig verwenden, beispielsweise die Fingerspitzen eintauchen oder die Fußsohle zumalen, achten Sie darauf, die Farbe zu überwachen, außer Sie beabsichtigen eine schwarze Färbung. Häufig reichen zwei Stunden völlig aus, um die Haut tiefrot zu färben.

## ANDERE TECHNIKEN

Es gibt eine Vielzahl ungewöhnlicher Methoden, um dynamische Henna-Bilder zu erzielen. Viele davon sind von alters her überliefert. Die Batik-Methode ist in Indien sehr beliebt; sie wird mit einer weißen tünche-ähnlichen Paste erstellt, die aus dickem Kalk hergestellt wird, wie man ihn vom Betelblätteressen kennt. Dieser wird mit einem harten Pinsel aufgemalt und darf dann trocknen. Anschließend werden die Muster großzügig mit Henna übermalt, das mehrere Stunden einwirkt. Das Ergebnis sind weiße Ornamente auf einem roten Hintergrund.

Es gibt noch andere Batikmethoden. Man kann zum Beispiel Wachs in Mustern auf die Hände tropfen und es auskühlen lassen, bevor man Henna auf die Haut gibt.

In Asien und in vielen Ländern des Nahen Ostens werden Henna-Muster manchmal mit anderen Pigmenten oder Farben verziert. Diese Technik wird bei den Füßen am häufigsten eingesetzt. In Indien akzentuiert man mit kleinen weißen Punkten aus Farbe die Umrisse eines tiefroten Motivs, wohingegen in den Vereinigten Arabischen Emiraten eine schwarze Substanz namens *Snajer*, die aus den Schoten einer Pflanze gewonnen wird, auf ähnliche Weise Anwendung findet.

Natürlich ist auch der Gebrauch von Schablonen überaus beliebt. Ich kenne einige wundervolle Schablonen aus Indien, aber ich habe auch gehört, daß der Kleber die Haut reizen kann.

Eine meiner Lieblingstechniken bei der Henna-Bemalung, mit der leider noch nicht umfassend experimentiert wurde, ist der Einsatz einer Vielzahl von Farbstärken. Man kann beispielsweise bestimmte Bereiche zu unterschiedlichen Zeiten abkratzen, um Variationen im Farbton zu erzielen.

Diese Wirkung bekommt man auch dann, wenn man auf verblassende Hautbereiche erneut Henna aufträgt. Das Ergebnis ist eine Palette von Schwarz bis Blaßorange. Die Künstlerin erhält dadurch die Flexibilität zu detaillierten Interpretationen, aber auch zu Arbeiten mit zwei oder drei Farbtönen.

## DAS AUFTRAGEN DES ZITRONENZUCKERS

*Der Zitronenzucker muss sofort aufgetragen werden, wenn das Henna getrocknet ist.* Das ist ein ganz entscheidender Schritt bei der Henna-Bemalung. Tauchen Sie einen Wattebausch in die Zitronenzucker-Lösung und tupfen Sie damit vorsichtig das gesamte Bild ab. Das darf allerdings *erst dann* geschehen, wenn das Henna vollkommen getrocknet ist.

Es gibt in der Tat den absolut perfekten Augenblick, um den Zitronenzucker auf das Bild aufzutragen. Es ist der Augenblick, in dem die Paste vollkommen trocken ist. Mehndi braucht zwischen drei Minuten und einer halben Stunde, um auf der Haut zu trocknen – das hängt vom Klima und von der Dicke der Linien ab. Sie erkennen, daß das Henna getrocknet ist, wenn die Paste matt wird anstatt zu glänzen. Die Linien werden fester, aber die Paste ist immer noch feucht, und dickere Bereiche kön-

Nachdem das Henna auf die Hand oder den Fuß aufgetragen wurde, backt es auf der Haut über der Hitze eines aromatischen Kohlenfeuers. Sobald alle Gliedmaßen verziert sind, wird die lehmartige Paste mit Baumwolle abgedeckt. Anschließend wickelt man Hände und Füße in Tücher, um zu verhindern, daß das Henna abblättert, während die Frau schläft. Idealerweise muß das Henna zweimal aufgetragen werden, an zwei aufeinanderfolgenden Tagen, damit die Muster deutlich und kräftig werden. Darum wird die Paste am nächsten Morgen abgekratzt, das Frühstück wird serviert, und der gesamte Vorgang wiederholt sich. Je länger das Henna auf der Haut bleibt, desto intensiver und dauerhafter ist die Farbe.

MARIA MESSINA
IN «HENNA PARTY»
AUS *NATURAL HISTORY*

nen in der Mitte noch etwas weich sein. Es ist wichtig, vorsichtig zu tupfen, um dickere Linien nicht plattzudrücken, insbesondere bei Mustern, bei denen sich die Linien überlappen oder kreuzen. Warten Sie nicht, bis das Henna Risse bekommt und abblättert.

Wenn Sie den Zitronenzucker auftupfen, achten Sie darauf, daß sich der Wattebausch nicht allzu voll saugt. Er sollte in einen kleinen Teller neben der Schüssel mit der Mischung ausgepreßt werden, bevor er wieder benützt wird. Dadurch kann überschüssige Flüssigkeit abfließen, ohne den Bausch zu zerdrücken. So albern es auch klingt, der Wattebausch muß flauschig und leicht bleiben, wenn er mit dem Mehndi-Bild in Berührung kommt. Das bedeutet, daß Sie ihn von Zeit zu Zeit austauschen müssen und er nicht in die Schüssel mit dem Zitronenzucker fallen darf, wie es hin und wieder geschehen kann.

*Nehmen Sie stets Wattebäusche aus 100 Prozent Baumwolle.* Synthetische Wattebäusche lösen sich zu einem Gewirr aus aufdringlichen Fasern auf, die am Henna festkleben, sich ineinander verheddern und das Bild von der Haut heben, wenn Sie versuchen, die Lösung aufzutupfen. Hüten Sie sich vor Tüten mit der Aufschrift «Kosmetikwattebäusche». Und vergessen Sie nicht, die Imitationen sollen ja so aussehen wie das Original.

Saugen Sie nie soviel Zitronenzucker auf, daß er rinnt oder tropft. Dadurch löst sich das Henna entweder von der Haut, oder die Farbe läuft aus und verschmiert. Sie bekommen niemals klare, scharfe Linien, wenn Sie Zitronenzucker unsachgemäß anwenden.

Eine traditionelle Methode zum Auftragen von Zitronenzucker besteht darin, eine Zitrone zu halbieren, sie gerade soweit auszupressen, daß der Saft an die Oberfläche tritt, und sie dann in einen Teller mit Zucker zu drücken, bevor man sie vorsichtig auf das Muster tupft. Es ist ratsam, bei dieser Methode Gelierzucker zu verwenden, damit man nicht zuviel Zucker erwischt.

Ich empfehle, mit dem Erhitzen der Hand zu warten, bis man das Muster ein paar Mal mit Zitronenzucker abgetupft hat. Ansonsten kann das Henna austrocknen und Risse bekommen. (Manche Risse sind andererseits ganz natürlich und treten auf, wenn das Henna sich beim Trocknen zusammenzieht.) Der Zitronenzucker sollte im Laufe eines Abends mehrmals auf das Bild aufgetupft werden, in Intervallen von zehn Minuten bis zu einer Stunde. Sie wissen, wann Sie aufhören müssen: sobald der Zucker eine undurchdringliche Glasur bekommt. Ab diesem Punkt dringt die Lösung nicht mehr bis zur Paste durch. Wenn man den Zitronenzucker mittels Hitze erfolgreich in die Paste eingebacken hat, dann soll es sogar möglich sein, die Hände in eine Schüssel mit Wasser zu tauchen und die Zuckerglasur zu entfernen, um mit dem Prozeß nochmal von vorn anzufangen. Der junge Mann, der mir das erzählt hat, hatte auf seiner Handfläche die dunkelste Farbe, die ich je bei einem Mehndi-Bild gesehen habe.

## WIE MAN SEIN HENNA-BILD PFLEGT

Die Pflege des Bildes, nachdem die Paste aufgetragen ist, spielt eine entscheidende Rolle für das Ergebnis der Arbeit. So gesehen sind die Künstlerin und die Person, die bemalt wurde, Kollegen. Zur richtigen Pflege gehören Sorgfalt und Geduld. Man muß seine Hauttemperatur hoch halten, Zitronenzucker auftragen, und – ganz wichtig – jedem einzelnen Schritt genügend Zeit zugestehen.

Je länger das Henna auf der Haut verbleibt, desto kräftiger wird die Farbe. Die Farbe hängt aber auch von der Temperatur ab. Je mehr Hitze der Haut zugeführt oder vom Körper selbst generiert wird, desto dunkler und dauerhafter wird die Farbe.

Sudanesisches Henna ist für seine dunkle Farbe berühmt. Obwohl sie oft durch Zusatzstoffe wie Ammoniak hervorgerufen wird, kann man diesen dunklen Ton teilweise auch der im Sudan üblichen Pflege zuschreiben. Ich habe gehört, daß sudanesische Bilder durch den Rauch eines bestimmten Holzes haltbar gemacht werden. Die Braut muß sich unter einer Wolldecke an ein schwelendes Feuer setzen, während von einer Betreuerin Aspirinwasser in ihre Haut gerieben wird. Die Braut verharrt dort so lange, bis sie es nicht länger aushält.

Meine Vorschläge sind weniger extrem. Ich rate gern dazu, eine Tasse heißen Tee zu trinken und die Hände über einer Kerze oder Lampe aufzuwärmen. Wichtig ist die Erkenntnis, daß Henna den Körper kühlt. Die Temperatur einer Hand, die mit Henna bemalt wurde, liegt deutlich niedriger als die einer unbemalten Hand. Sorgen Sie für eine hohe Zimmertemperatur. Öffnen Sie kein Fenster, und schalten Sie den Ventilator nicht ein. Je höher die Temperatur, desto besser.

Hitze kann den Henna-Bildern auf unterschiedliche Weise zugeführt werden. In Marokko wärmt man Hände und Füße an einer Messingkohlenpfanne, während das Henna ein-

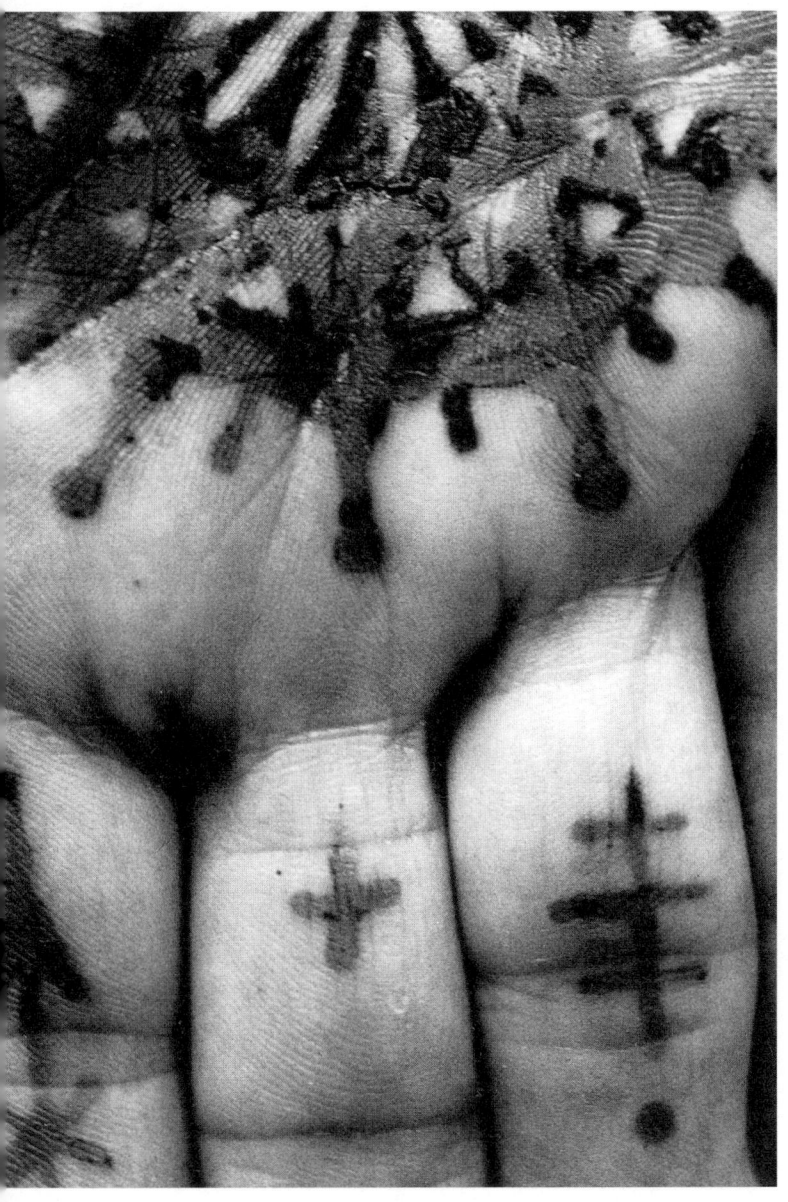

Nach dem Auftragen des Mehndi sollte man kurz vor oder nach Mittag nicht bummeln gehen, nicht über die Kreuzung zweier Staßen oder unter einen Pipal Imali (Tamarindenbaum) spazieren, weil dann die bösen Geister, die sich an solchen Orten tummeln, die Gelegenheit haben, sich ihres Opfers zu bemächtigen.

JOGENDRA SAKSENA IN THE ART OF RAJASTHAN

wirkt. In Indien wird eine Handvoll Nelken in einer trockenen Pfanne erhitzt, anschließend hält man die Hände über die Nelken, die sich zu kristallisieren scheinen, während sie zu Asche zerfallen.

Ich verwende Kerzen und einzelne Kohlen, die man leicht zu einer Party oder zu einem Mehndi-Fest mitnehmen kann. Häufig gebe ich ein paar Nelken und etwas Weihrauch auf die Kohle, die auf einem kleinen Stein oder einer Metallplatte aufliegen kann. Um diese einzelne Kohle anzuzünden, müssen Sie nur ein Streichholz an ihre Seite halten, schon läuft eine Welle kleiner Funken über die Oberfläche der Kohle, die daraufhin anfängt zu brennen. Eine kleine Kohle überdauert eine gute Stunde.

Eine Lampe mit flexiblem Arm ist ebenfalls ein herrlicher Hitzespender, da man sie mühelos in jede Richtung drehen kann, um die Hände oder die Füße zu wärmen. Wenn Sie sich eine schöne tiefe Farbe gönnen wollen, dann kaufen Sie eine Glühbirne, wie sie für Heizleuchten verwendet wird (dieselbe Art, mit der in Restaurants das Essen warmgehalten und die auch für Terrarien verwendet wird). Wenn sich diese Glühbirne nicht in Ihre Lampe einschrauben läßt, kaufen Sie sich einen einfachen, billigen Infrarotstrahler. Sie können ihn auf den Rand des Tisches oder auf einen Stuhl stellen, und es gibt ihn in den meisten Tierhandlungen oder Heimwerkerläden.

Eine Kundin wickelte ihr Bauchmuster erst in Baumwolle, dann in Klarsichtfolie ein und legte sich dann ein Heizkissen auf den Bauch. Andere verwenden einen Föhn, obwohl die Paste dabei gern austrocknet und abblättert. Bei Heizgeräten mit starker Wärmeentwicklung sollten Sie Ihr Bild mit Hilfe von Klarsichtfolie oder Plastiktüten vor dem Austrocknen schützen. Unter dem Plastik wird die Feuchtigkeit gefangen. Das hat jedoch auch seine Nachteile, weil die Muster zuweilen verlaufen und verschmieren. Es ist wichtig, unter die Klarsichtfolie Baumwolle und Papiertücher zu legen, um sicherzustellen, daß überschüssige Flüssigkeit von dieser Schicht aufgenommen wird.

In jedem Bild findet sich
der Beginn des nächsten,
und das fertige Bild ist
ein Anfang, kein Ende.
VALERIO ADAMI
IN *A LIFE IN THE ARTS*

## DAS EINWICKELN

Das Einwickeln eines Mehndi-Bildes ist eine delikate Angelegenheit. Zuerst müssen Sie Wattebäusche zu Streifen entrollen. Jamila El Alaoui hat mir diesen Trick gezeigt. Der durchschnittliche Wattebausch besteht in Wirklichkeit aus aufgerollten Baumwollfasern, die zwischen acht und zwölf Zentimeter lang sind. Sie lassen sich ganz leicht entrollen. Im Anschluß daran können Sie sie auf das Bild legen. Achten Sie darauf, das ganze Bild damit abzudecken, auch zwischen den Fingern und auf den Fingerspitzen. Ich habe festgestellt, daß es sehr hilfreich ist, wenn man das Bild erst in Baumwolle und dann in Toilettenpapier oder Mull einwickelt. Dadurch bleibt alles sauber und an Ort und Stelle. Einige Frauen ziehen Nylonkniestrümpfe über die Baumwolle. Ein Küchenhandschuh, Sportlersocken oder ähnliches hält die Hand offen und flach und schützt das Bild.

## DAS ABKRATZEN

Wenn man die Paste abkratzt, anstatt sie abzuwaschen, vertieft sich die Farbe. Im allgemeinen sollte man die Paste am nächsten Morgen nach dem Aufwachen abkratzen. Nehmen Sie dazu ein stumpfes Messer oder ein Plastikmesser. Manchmal klebt die Baumwolle an der Paste fest und hebt das gesamte Bild von der Haut ab. Dann wieder kann es mühsam sein, die Paste zu entfernen. Nehmen Sie etwas Senföl zu Hilfe, wenn Sie das Gefühl haben, daß Sie allzu heftig kratzen müssen.

Mogeln Sie nicht, indem Sie Ihre Hand unter fließendes Wasser halten. Nehmen Sie Öl (Sesam- oder Olivenöl, wenn Sie kein Senföl haben), und massieren Sie das getrocknete Henna sanft von Ihrer Haut. Erst wenn Sie die gesamte Paste abgekratzt und den Rest mit einem Wattebausch, der in Senföl getränkt wurde, gereinigt haben, können Sie das Bild mit Wasser in Berührung bringen. Ich tue das mit einem angefeuchteten Wattestäbchen beziehungsweise Wattebausch und konzentriere mich dabei auf den Negativraum zwischen den Farblinien.

Danach sollten Sie sich noch einmal einölen. Es ist am besten, wenn Sie volle zwölf Stunden nach dem Abkratzen dem Wasser fernbleiben. Henna unterzieht sich 12 bis 48 Stunden, nachdem die Paste entfernt wurde, einer Verwandlung. Das ist ein weiterer magischer Schritt des Mehndi. Die Farbe vertieft sich, und ihre Intensität wird manchmal zwei- oder dreimal stärker als sie es ursprünglich war.

An einigen Stellen des Körpers kann es lange dauern, bis die Farbe ihre endgültige Stärke annimmt, und das Muster taucht erst nach mehreren Tagen richtig auf. Das ist eines der Geheimnisse des Henna. Die Handflächen und Fußsohlen erreichen ihre intensivste Farbe in der Regel 12 bis 24 Stunden, nachdem die Paste entfernt wurde.

Wenn Sie Ihr Bild schützen wollen, dann meiden Sie Seife und scharfe Reinigungsmittel. Spülen Sie ausschließlich mit Handschuhen, und waschen Sie sich nur mit Seife, wenn es unbedingt nötig ist – das verlängert die Lebensdauer Ihres Bildes. Wenn Sie ein verblassendes Bild aufhellen wollen, reiben Sie etwas Senföl und Limone darauf. Ich habe schon Hennabilder gesehen, die mit der richtigen Aufmerksamkeit und Pflege sechs Wochen hielten.

## ERNEUTES AUFTRAGEN ALS MITTEL ZUR FARBVERTIEFUNG

Einige Menschen entscheiden sich für Henna als Alternative zu Tätowierungen und wünschen sich im Grunde ein dauerhaftes Bild. Das erneute Auftragen ist eine einfache Möglichkeit, die Lebensdauer Ihres Bildes ins Unendliche zu verlängern. Wenn man sein Mehndi einmal pro Woche erneuert, schafft das die Illusion der Dauerhaftigkeit, und es ist für viele eine sichere und befriedigende Option, ganz besonders für Eltern. Es ist leicht, einem Henna-Bild den Anschein der Dauerhaftigkeit zu verleihen und sich dennoch die Möglichkeit zur Veränderung vorzubehalten.

Ich empfehle, nach der Herstellung der Paste einige Flaschen mit Henna einzufrieren. Dadurch können Sie mehrmals pro Woche das Bild nachziehen, ohne jedes Mal eine neue Paste anrühren zu müssen. Wenn Sie Ihre Nägel mit Henna gefärbt haben, sollten Sie – um die Farbe zu wahren – das Nachfärben öfter wiederholen, da die Nägel auswachsen.

# MUSTER LEICHTGEMACHT

*Der künstlerische Prozeß ist mehr als die Ansammlung kunstvoller Dinge, und er ist mehr als die Erschaffung dieser Dinge. Er ist die Chance, Dimensionen des inneren Seins zu begegnen und tiefe, lohnende Bedeutungen zu entdecken.*
PETER LONDON
IN *A LIFE IN THE ARTS*

Die Faszination der Henna-Bemalung ist zum Großteil auf die Unwiderstehlichkeit der wiederholten Form zurückzuführen. Muster basieren auf Wiederholung, werden von ihr aber nicht begrenzt, so wie jede einzelne von uns eine Variation des menschlichen Motivs ist. Ich bin genauso wie Sie, aber auch anders.

Die Mathematik offenbart die verborgene Schönheit und Einfachheit der Natur. Aus einer einzigen Gleichung entfalten sich unendliche Möglichkeiten. Sie können die Formel kennen, ohne jemals das Ergebnis zu wissen.

Eines der wunderbarsten Dinge in meinem Leben als Henna-Künstlerin ist die Erfahrung der Grenzenlosigkeit. Man wird immer geschickter darin, das loszulassen, was man eigentlich erwartet hat, und dem Muster zu erlauben, den Weg zu bestimmen. Man entwickelt Zuversicht und Selbstvertrauen in seine Fähigkeiten und gleichzeitig ein sich vertiefendes Gefühl der Freiheit und der Möglichkeiten – das Gefühl, daß man mit jedem neuen Anfang wieder vor dem Unbekannten steht und darauf wartet, daß sich ein Muster entfaltet.

## DER ANFANG EINES BILDES

Eines meiner Lieblingshilfsmittel bei der Henna-Bemalung ist die Münze. Ich habe eine kleine Schachtel mit Münzen unterschiedlicher Form und Größe, mit denen ich häufig meine Bilder beginne. So eine Münze erfüllt zwei Funktionen, die sie zu einem wirksamen Anfangshilfsmittel machen: Zentrieren und Umkreisen. Nichts ist schlimmer, als stundenlang ein Muster zu malen und erst dann zu erkennen, daß es nicht wirklich in der Mitte sitzt. Und das geschieht nur allzu leicht. Wenn man eine Münze benützt, bevor man mit dem Bild beginnt, kann man mit der Plazierung experimentieren.

Manchmal sind die einfachsten Formen am schwersten auszuführen, weil jedes Zögern und jeder Irrtum sichtbar wird. Das gilt vor allem für den Kreis. Der Kreis ist eines meiner Lieblingssymbole, und ich verwende ihn ständig. Aber wenn Sie einen schlechten Tag haben, kann Ihr Kreis ohne weiteres wie ein Ei aussehen oder zittrig und voller Zweifel sein.

Die Zuhilfenahme einer Münze ist der wirksamste Weg, sich selbst eine gute Grundlage zu geben, während man an einem kreisrunden Motiv arbeitet. Ich beginne die meisten Mandalas mit einer kleinen ägyptischen Münze. Dabei ziehe ich einen Kreis um die Münze, ungefähr einen halben Zentimeter vom Rand entfernt, und (mit etwas Übung) ist es ganz einfach, die Münze wegzunehmen, ohne in Kontakt mit dem Henna zu kommen. Eine ebenso wirksame Methode besteht darin, die Münze zehn bis fünfzehn Sekunden lang sanft in die Haut der betreffenden Person zu drücken. Sie können dann direkt auf den Abdruck malen, den die Münze hinterlassen hat.

Jetzt kann man konzentrische Kreise hinzufügen, indem man am äußeren oder inneren Rand des Ursprungskreises weitere Linien zieht. Arbeiten Sie immer von der existierenden Linie nach außen oder innen; mit anderen Worten, fangen Sie nicht gleich an, in der Mitte des Kreises zu malen. Arbeiten Sie sich Ihren Weg hinein.

Münzen dienen noch vielen anderen Zwecken. Ich beginne viele schwierige Motive mit Hilfe von Münzen: Diamanten, Sterne, Blumen, Kreuze, Sechsecke und Paisleys, um nur einige zu nennen. Eine Münze mit einem Stern (meine stammt aus Kuba) ist das perfekte Hilfsmittel, um die Zacken eines Sterns zu markieren und ganz sicher zu gehen, daß sie alle den gleichen Abstand haben. Eine Münze mit einem Kreuz (ich besitze eine aus Schweden) macht es möglich, die Punkte eines Diamanten, eines X oder Quadrats zu definieren, aber auch eines Kreuzes oder einer geraden Linie. Eine Münze mit einem Loch in der Mitte erlaubt es Ihnen, den Mittelpunkt eines Kreises zu markieren, und eine Münze mit geriffeltem Rand kann Ihnen helfen, die vielen Blütenblätter einer Blume gleichmäßig zu plazieren.

Sie finden alte Münzen und Münzen der verschiedenen Länder auf Flohmärkten oder in Antiquitätengeschäften. Bitten Sie Freunde und Familienangehörige, ungewöhnliche Münzen zu sammeln, wenn sie auf Reisen gehen – jede neue Münze öffnet eine weitere Tür.

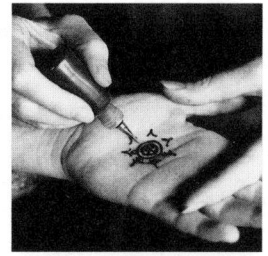

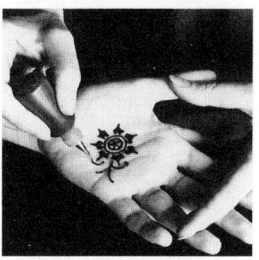

*Indem man sich systematisch von der Mitte nach außen arbeitet, wird aus einer Reihe von einfachen Schritten ein kompliziertes Mandala.*

# ZENTRALE HANDFLÄCHENMOTIVE

Motive für die Mitte der Handfläche führen zur größten Befriedigung – für Ausführende und Betrachter gleichermaßen. Das liegt daran, daß die Handfläche die ideale Leinwand für Mehndi darstellt. Auf ihr erhält man nicht nur den stärksten Farbton, sie ist auch ein herrlicher Rahmen für ein Zentralmotiv. Ich persönlich habe viele Motive gelernt und selbst gemalt, und ich ziehe es stets vor, um das zentrale Motiv etwas Raum zum Atmen zu lassen. Der Einsatz von Negativraum ist bei kunstvollen Mustern von entscheidender Bedeutung. Ansonsten verlieren sich die Einzelheiten und verschwimmen zu einer handschuhartigen Masse.

## DAS MANDALA

Das Mandala ist eine Offenbarung an Möglichkeiten. Als zentrales Handflächenmotiv formt es eine perfekte *Bija*, eine Matrix für die gesamte Hand. Je besser Sie beim Gestalten von Mandalas werden, desto unwiderstehlicher und interessanter werden Ihre Muster. Wenn Sie mit dieser einen zentralen Form über einen längeren Zeitraum hinweg arbeiten, spüren Sie allmählich das Wesen der Unendlichkeit. Wo Sie Grenzen wahrnehmen, stoßen Sie nur auf Ihr eigenes Denken. Es gibt buchstäblich eine unendliche Zahl an Variationen, die Sie mit einer vorgegebenen Form erschaffen können.

Lassen Sie uns mit vier konzentrischen Kreisen beginnen (Abbildung 1a). Nachdem Sie das Bild mit einer Münze in der Mitte plaziert und die drei zusätzlichen Kreise gemalt haben, besteht der nächste Schritt darin, sich für einen Grundtenor zu entscheiden. Soll das Motiv zart oder kühn, anmutig oder stark, geometrisch, einfach, kunstvoll oder was sonst werden?

Lassen Sie uns annehmen, Sie wollen etwas Ähnliches wie Abbildung 1b malen. Abbildung 1b beginnt auf dieselbe Weise

Abbildung 1

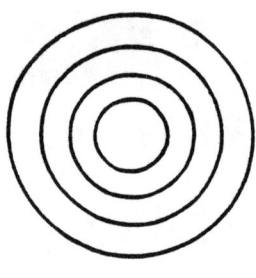

a

Abbildung 1

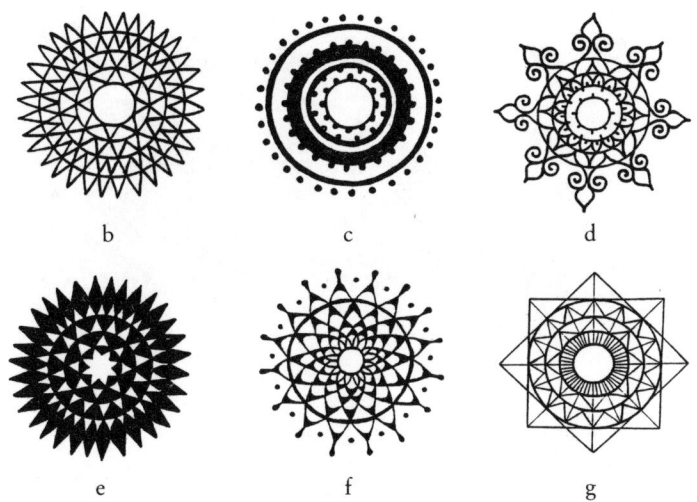

b        c        d

e        f        g

wie die Abbildungen 1c, 1d und 1g. Der erste Schritt besteht in den meisten Fällen darin, die Eckpunkte zu markieren. Ich fange immer mit einem winzigen Punkt um zwölf, drei, sechs und neun Uhr an. Unterteilen Sie diese Abschnitte ein- oder zweimal, je nach Motiv. Wenn Sie diesen Schritt als Anfängerin ignorieren, besteht das Risiko, daß Ihre Blütenblätter, Dreiecke, Speichen oder Spiralen Amok laufen und höchstwahrscheinlich mißgeformt und asymmetrisch enden. Selbst wenn Sie beim Umrunden des Kreises einen guten Rhythmus haben, ist es ein reines Glücksspiel, ob Sie den Endpunkt treffen oder nicht. Diese Technik ist wichtig, weil sie Ihr Auge dazu trainiert, das Ganze zu sehen, anstatt sich an den Feinheiten des Musters aufzuhängen. Denken Sie daran, zwölf Uhr kann überall dort sein, wo Sie möchten, auch wenn Sie es gar nicht sehen wollen. Selbst wenn Sie einen siebenzackigen Stern entwerfen, können Sie Ihre imaginäre Uhr verwenden, um die Eckpunkte zu markieren (siehe die Uhrbeispiele in Abbildung 4).

    Kunstvolle Entwürfe sind eine unwiderstehliche Herausforderung an die Henna-Künstlerin, und im Gegensatz zur all-

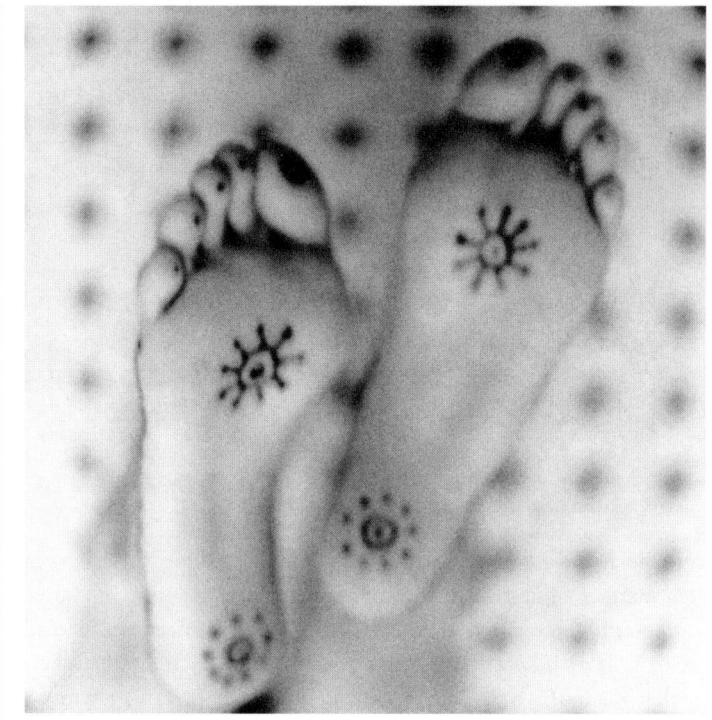

gemeinen Ansicht sind sie nicht so schwer, wie sie aussehen. Große Kunstfertigkeit beinhaltet ein einziges entscheidendes Faktum: Geduld. Der wichtigste Rat, den ich Ihnen geben kann, ist, die Geduld zu haben, eine Linie steif werden oder völlig austrocknen zu lassen, bevor Sie sie mit einer anderen Linie kreuzen. Sehen Sie sich den äußeren Kreis in Abbildung 1f an. Was wie ein kompliziertes Muster aussieht, ist in Wirklichkeit nichts weiter als überlappende Linien. Der Schlüssel liegt darin, das ursprüngliche Muster trocknen zu lassen, bevor man ein weiteres aufsetzt.

Auf ähnliche Weise muß die Künstlerin Geduld und Umsicht walten lassen, wenn sie die Linien mit Farbe ausfüllt. Diese Technik ist ein erregender Aspekt der Henna-Bemalung und kann ein Motiv in wenigen Minuten völlig verändern (siehe auch Abbildung 1b und 1e). Dabei ist es wichtig, auf den rechten Augenblick zu warten. Wenn Sie versuchen, Linien auszufüllen, die noch nicht trocken sind, wird das Henna verlaufen, und Sie verlieren die scharfen Umrisse, die das Muster erst zum Leben erwecken. Dennoch ist es eine Versuchung, der wir früher oder später alle zum Opfer fallen, selbst nach jahrelanger Erfahrung. Es ist so leicht, erregt und ungeduldig zu werden, insbesondere an einem feuchten Tag, wenn die Linien ewig brauchen, um zu trocknen. Geben Sie ihnen einfach ein paar Minuten, bevor Sie fortfahren. Glauben Sie mir, das Warten lohnt sich.

Je nachdem, welche Bereiche Sie mit Farbe ausfüllen, können Sie eine Unzahl verschiedener Motive aus einer einzigen Form gewinnen. Es macht viel Spaß, mit dieser Technik zu experimentieren, und es ist eine gute Möglichkeit, eine Sitzung zu beenden. Gerade wenn die Person, die Sie bemalen, zu wissen glaubt, wie das Muster aussehen wird, können Sie es vollständig verändern. Es gibt keine Grenzen für die Möglichkeiten, die Ihnen diese Technik bei so gut wie jedem Motiv schenkt (siehe Abbildung 2).

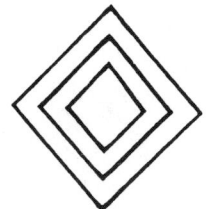  

Abbildung 2

# BLUMEN UND STERNE

Der Kreuzungspunkt zweier gerader Linien erschafft eine Form, die wir als Plus-Zeichen oder Kreuz kennen; sie bildet gleichzeitig die Grundlage für zahllose andere Entwürfe. Mein Lieblingsmotiv ist der achteckige Stern oder die achtblättrige Blüte. Fangen Sie mit einem Plus-Zeichen an und halbieren Sie

Abbildung 3

*Wenn Sie Ihr Motiv mit einfachen Linien und Punkten beginnen, wird die Zeichnung schön symmetrisch. Viele verschiedene Motive beginnen mit dem gleichen ersten Schritt.*

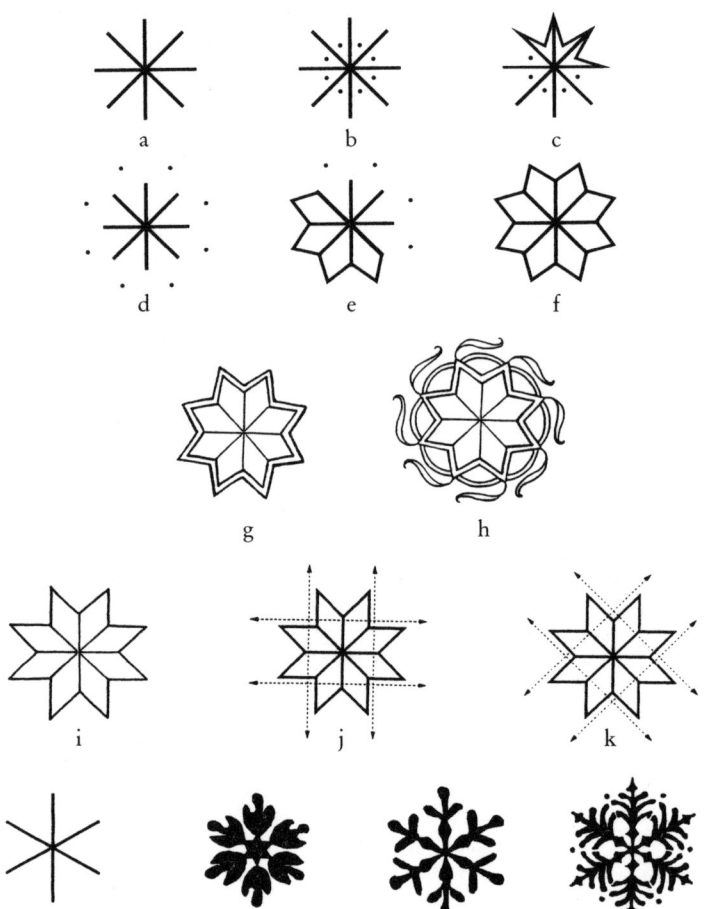

jeden Quadranten mit einer diagonalen Linie, was ein weiteres perfektes Plus-Zeichen und die Form eines X ergibt. Stellen Sie sich jetzt einen Kreis außerhalb des Zeichens vor, und markieren Sie die Spitze jedes Blattes beziehungsweise jeden Sternenzacken mit einem kleinen Punkt (siehe Abbildung 3d).

Sie können auf diesem Motiv aufbauen, indem Sie parallele Linien von der zentralen Form nach außen malen, damit alle Zacken des Sterns parallel zu den Linien liegen, die den zentralen Punkt halbieren (siehe Abbildung 3f-3h). Die Wirkung ähnelt vier Pfeilspitzen, die sich an einem zentralen Punkt treffen. Diese Form kann als Basis für viele weitere Motive dienen.

Blüten mit acht Blättern entstehen, wenn man die Linien aufweicht und ihnen eine leichte Kurve verleiht (siehe Abbildung 4d). Für Blüten mit sechs Blättern gibt man ein X über eine Linie, wie bei einem kleinen Sternchen, und wendet anschließend dieselbe Formel an. Eine weitere, noch wirksamere Methode, Blüten zu erschaffen, beginnt mit einem kleinen Kreis und der Markierung der entsprechenden Punkte (siehe Abbildung 4a und 4c). Für eine achtblättrige Blüte um 12, 3, 6, 9, 1:30, 4:30, 7:30 und 10:30 Uhr. Für eine sechsblättrige Blüte um 12, 6, 2, 4, 8 und 10 Uhr. Danach gelten stets dieselben Regeln.

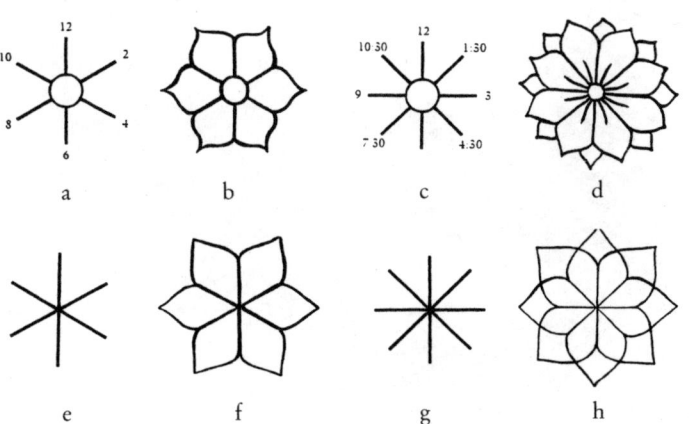

Abbildung 4

*Hier sehen Sie ein Muster aus verbundenen Spiralen; eine einfache und elegante Lösung zur Umrahmung des Fußes.*

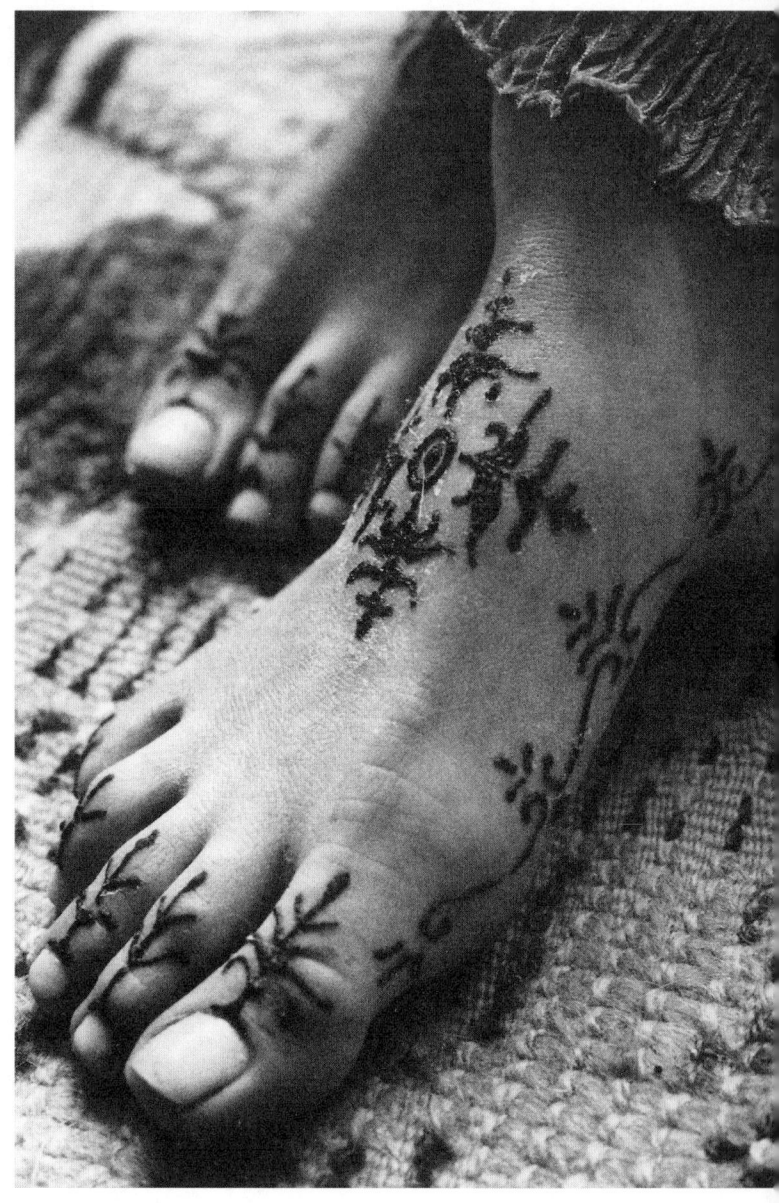

Diese Technik der richtigen Punktsetzung in einem Kreis wird enorm wichtig, wenn Sie versuchen, noch komplizierte Blüten-, Stern- oder Sonnenmotive zu malen, wie in Abbildung 4d. In diesem Fall besteht die einzige Hoffnung auf Erfolg darin, zuerst die richtigen Punkte auf dem Kreuz anzubringen, nämlich 12-6 Uhr und 3-9 Uhr, und sie anschließend immer wieder zu halbieren. Aber Achtung: All das geschieht mit winzigen Punkten am Innenrand des äußeren Kreises. Markieren Sie dann den äußeren Rand des inneren Kreises, und verbinden Sie die entsprechenden Punkte zwischen den beiden. Es ist viel schwerer zu beschreiben, als es wirklich zu tun, und Sie werden überrascht sein, wieviel leichter ein kompliziertes Muster dadurch wird.

## ARMKETTEN, UMRAHMUNGEN UND ANDERE MOTIVE

Ich spreche oft davon, ein «Muster aufzubrechen». Damit meine ich, einen einfachen, klar umrissenen Weg zu finden, sich diesem Muster anzunähern – es gewissermaßen zu entschlüsseln. Die meisten komplexen Muster folgen im Grunde einer ganz einfachen Formel. Nehmen Sie beispielsweise dieses Muster:

Abbildung 5a

Auf den ersten Blick sieht es schwierig aus, aber es könnte gar nicht leichter sein. Beginnen Sie mit einer Reihe von miteinander verbundenen Ovalen. Teilen Sie dann jedes Oval, indem Sie in alle vier Seiten einen Bogen einmalen oder, wenn Sie das vorziehen, einen zur Mitte hin gekrümmten Diamanten. Mit der einfachen Hinzufügung von Blattformen, wo sich die Ovale berühren, ist das ursprüngliche Muster vollendet (Abbildung

143

5b). Jetzt haben Sie ein Grundmuster, auf das Sie aufbauen können. Vielleicht möchten Sie den Blüten noch mehr Blätter hinzufügen, wie ich es hier getan habe.

Abbildung 5b

Sie können auch oben und unten eine Linie hinzufügen, um den
Eindruck eines Bandes zu vermitteln – mir gefällt die Wirkung
einer solchen Doppellinie als Begrenzung, weil sie das Muster
hübscher umrahmt. Indem Sie ein einfaches Muster an die Innenseite der Begrenzung malen (siehe Abbildung 5c), erhalten

Abbildung 5c

Sie ein weitaus kunstvolleres Bild. Wie bei den Zentralmotiven
schafft das Ausmalen bestimmter Bereiche mit Farbe einen völlig anderen Eindruck (siehe Abbildung 5e). Wenn Sie an kühne-

Abbildung 5d

Abbildung 5e

Abbildung 6

ren, eher geometrischen Bildern interessiert sind, wird Ihnen diese Technik nützlich sein. Mein Lieblingsmotiv für Armketten oder Umrahmungen ist das der einfachen, miteinander verbundenen Spiralen (siehe Abbildung 6). Dieses anmutige Motiv ist leicht nachzumalen und kann mit einer Unmenge Möglichkeiten ausgeschmückt werden. Wenn Sie sich die Fotos in diesem Buch genau ansehen, finden Sie zahlreiche Variationen zu diesem klassischen Muster.

## SPIRALEN

Spiralen können sehr viel Spaß machen, wenn man den Dreh erstmal raus hat. Ganz wichtig: Fangen Sie immer in der Mitte an. Nehmen Sie sich dann etwas Zeit, um sich zu orientieren und sich klarzumachen, in welche Richtung Ihre Spirale laufen soll (im Uhrzeigersinn oder dagegen) und wie weit ihr äußeres Ende reichen soll. Dann können Sie entscheiden, ob die Spirale eng und rund oder fließend und langgestreckt verlaufen soll. Wenn Sie eine Spirale im Sinn haben, die groß, mit dünnen Linien, aber engmaschig ist, fangen Sie in der Mitte an und arbeiten Sie sich langsam vorwärts. Konzentrieren Sie Ihre ganze Aufmerksamkeit darauf, parallel und im gleichen Abstand zum vorherigen Rand zu bleiben.

## DORA

*Dora* ist ein Wort, mit dem man in Indien die einfache oder doppellinige Umgrenzung eines zentralen Motivs bezeichnet. Ich habe auch schon den Begriff *Dores* gehört, mit dem zwei parallele Linien sowie das Motiv, das zwischen ihnen liegt, beschrieben wird, gleichgültig wie dieses Motiv aussieht. Daher bilden zwei konzentrische Kreise mit einem Muster zwischen ihnen ein Dora. Obwohl wir bereits vielen Beispielen für dieses Motiv begegnet sind, ist dieser Begriff am sinnvollsten, um damit die Linien zu beschreiben, die eine Hand oder einen Fuß umrahmen. Der Begriff des Dora im Alten Mehndi meinte im allgemeinen eine rechteckige Form oder Begrenzung, mit der die gesamte Handfläche umrissen wurde, was einen kunstvollen Rahmen schuf, der häufig das zentrale Motiv umgab. Ich brauchte lange, um mich für diesen Stil zu erwärmen, aber heute halte ich ihn für eine der bezwingendsten Gestaltungsmöglichkeiten der Henna-Bemalung. Wenn Sie mit einem Dora um die Handfläche experimentieren wollen, dann empfehle ich Ihnen, mit dem zentralen Motiv zu beginnen. Ansonsten kann das zentrale Motiv sich leicht über Ihre Erwartungen hinaus ausweiten und den Negativraum zwischen dem Motiv und dem Dora zunichte machen.

Ein weiterer traditioneller Gebrauch des Dora ist das *Java*, zwei gerade Linien, die die Finger der Hand voneinander trennen. Diese Technik sieht man im Mehndi immer noch häufig, und ihre Wirkung ist bezaubernd. Oft wird das Motiv, das in den Dores oder dem Java verwendet wird, an jedem Fingergelenk wiederholt, was eine Reihe von Ringen auf jedem Finger erschafft. Diese Bilder können aufgrund der vielen Fingerarbeit sehr zeitaufwendig sein. Zeitsparend wirkt sich aus, wenn Sie Halbkreise anstatt volle Ringe malen. Das ist auch die richtige Technik für jemanden, dem das Muster gefällt, der aber seinen Handrücken nicht bemalen lassen möchte.

## INSPIRATION

Sobald Sie mit Mehndi beginnen, sehen Sie die Welt mit anderen Augen. Plötzlich entdecken Sie überall Muster und Motive. Eine neue Welt entfaltet sich in der alten – mit einem unersättlichen Appetit, immer mehr zu sehen und zu entdecken.

Suchen Sie Ihre Inspiration in den Dingen, die Sie faszinieren. Schneiden Sie eine Frucht oder ein Gemüse auf, und betrachten Sie die Muster der Samen. Gurken, Zucchini, Äpfel, Birnen und Kiwis formen alle herrliche Mandalas, wenn man sie in Scheiben schneidet und sie gegen das Licht hält. Achten Sie auf die Formen in Ihrer Nachbarschaft, auf Zäune, Gatter und Fenster. Studieren Sie die Muster der Natur: Vogelfedern, Lichtspiegelungen auf Wasseroberflächen, Blätter und Wolken. Studieren Sie die Linien Ihrer eigenen Hand, die wirbelnden Bögen Ihrer Fingerabdrücke. Es gibt soviel zu entdecken, direkt vor Ihren Augen.

## NIEMALS ENTMUTIGT SEIN

Muster sind Geheimnisse, wie Puzzles. Sie können so einfach sein, wenn man sie nur mit anderen Augen anschaut. So gesehen sind sie wie viele Dinge im Leben. Sie können sich Mühe geben und etwas erzwingen wollen, aber sobald Sie es wirklich und wahrhaftig verstehen, wird es mühelos. Selbst das komplizierteste Muster kann dann mit leichter Hand gemalt werden. Andernfalls sieht und spürt man Spannung, Zweifel, Zögern und Kampf in der Arbeit. Fließende Anmut stellt sich ein, sobald Sie erkannt haben, wo die Schwierigkeiten liegen.

Ich habe nur einen Rat für Sie: Versuchen Sie mit Ihrer ganzen Energie, das Rätsel zu lösen …

# HENNA-FESTE

9. KAPITEL

Was die Henna-Bemalung von so vielen anderen Kunstformen unterscheidet, ist die gesellschaftliche Erfahrung, die zu der persönlichen und künstlerischen Erfahrung hinzukommt. Die Menschen kommen aus einer Unzahl von Gründen zusammen, um Mehndi zu praktizieren – vom Trivialen bis zum Profunden. Henna-Feste können per se eine Kunstform sein. Traditionelle Feste in Afrika und dem Nahen Osten erstrecken sich häufig über mehrere Tage, und es gibt Musik, Essen und Tanz. Aus welchem Grund das Fest auch gefeiert wird, mit Hilfe von

Henna kann es zu einem ganz besonderen und denkwürdigen Ereignis werden.

## TRADITIONELLE FESTE

### *Das Brautfest*

Hochzeiten sind eine typische Henna-Erfahrung. Sie kombinieren alle Elemente, die Mehndi so einzigartig machen. Bei einer Hochzeit kommen die Menschen zusammen, um einen Übergang zu bezeugen, um zu feiern und um die Kraft der Hingabe zu ehren, die zwei Leben verwandelt. Das kann eine sehr bewegende persönliche Erfahrung sein, aber auch eine Gemeinschaftserfahrung.

Bei traditionellen jüdisch-jemenitischen Eheschließungen hält man die Henna-Zeremonie, die man Henna oder *Hinne* nennt, für den Höhepunkt des Festes, so wie das im Westen auf den Hochzeitsempfang zutrifft.

Die Braueltern müssen ein Fest veranstalten, bei dem Freunde und Familienangehörige und häufig ein ganzes Dorf oder Viertel zusammenkommen, um zu feiern. Es gibt viel *Simcha* (Musik, Lachen und Tanz) sowie Essen und Trinken für alle. Bei dieser Zeremonie wird die Braut kunstvoll in Kleidungsstücke gehüllt, die soviel wiegen, daß sie sich kaum bewegen kann. Dann findet eine Prozession statt, die man *Zaffeh* nennt. Dabei wird der Braut das Henna präsentiert. Die Frauen kommen mit Tabletts voller Blumen, Kerzen und Henna auf ihren Köpfen und tanzen auf diese Weise vor der Braut. Das Henna wird der Braut in pulverisierter Form vorgelegt. Anschließend wird Wasser hinzugefügt und das Henna zu einer Paste geknetet. Nach dem Tanz und den Gesängen treten Familienangehörige und enge Freundinnen vor die Braut, küssen und segnen sie, während sie etwas Henna auf ihre Handflächen verreiben. Einige geben Geldgeschenke. Das nennt man *Oseem*

*Ein Schlüssel zur Mehndi-Party ist die Notwendigkeit, daß die frisch bemalten Hände und Füße unbeweglich gehalten werden müssen. Mittelpunkt der Party ist die bemalte Braut, und Freundinnen sowie weibliche Familienangehörige erfüllen die grundlegendsten Bedürfnisse ihres Körpers und unterhalten sie in den langen Stunden, während das Henna einwirkt, mit Liedern. Die Texte, die sehr geschickt sexuelle Anspielungen enthalten, sind jedoch mehr als nur unterhaltsam: sie geben dem anstehenden Ereignis und der Angst eine Stimme. Die Lieder bestehen aus Wehmut, Spott und Übertreibungen; sie setzen Humor und Witz ein; sie sind voll witziger Reime und unablässiger Rhythmen; und es gibt Vorsängerin und einfallende Stimmen, Chor und Dialogaustausch.*
PHYLLIS GORFAIN,
IN WEDDING SONG

*Hinne*, «das Henna tun». Wie in den meisten Kulturen spielen Musik und Tanz eine wichtige Rolle bei dieser Zeremonie.

In Indien nennt man die Henna-Zeremonie während einer hinduistischen Hochzeit *Mehndi Rat*. Während dieser Zeremonie kommen die Frauen zusammen, um die Braut zu bemalen. (Es heißt, die Henna-Muster bedecken die Handfläche der Braut wie ihre Freundinnen und weiblichen Verwandten jeden Zentimeter des Bodens um sie herum bedecken.) Bei dieser spielerischen, aber auch bissigen Zeremonie werden alle Frauen mit Henna bemalt. Sie singen und hänseln die Braut, unterhalten sie und reden ihr gut zu, um ihre Nerven zu beruhigen und sie bei guter Laune zu halten.

## Andere traditionelle Feierlichkeiten

Jahrhundertelang war Henna fester Bestandteil von privaten und öffentlichen Feiern, einschließlich Geburten, Todesfällen, Geburtstagen, Namensgebungszeremonien, Beschneidungen und Bar Mizwas, aber auch von religiösen Festen und Zeremonien. Es heißt, daß Frauen überall in Marokko eine Henna-Bemalung vorschieben, wenn sie einfach eine kleine Party veranstalten wollen.

Obwohl manche meinen, daß Henna-Rituale mit der Unterjochung und Unterdrückung der Frau in Zusammenhang stehen, gibt es auch eine andere Seite zu dieser Geschichte. Henna-Feste sind ein weibliches Ritual, eines, das Frauen zum Reden, zum Feiern und zum Teilen zusammenbringt.

## Das Hamam (muslimisches Badehaus)

Läuterungsriten sind integraler Bestandteil islamischer Religiosität, und die Bemalung der Haut mit Henna gilt als rituelle Waschung. Man glaubt, wenn Schlamm oder Farbe auf den Körper aufgetragen werden, würden sie alle bösen und negativen Einflüsse mit sich nehmen, sobald man sie von der Haut wäscht.

In dem Buch *Harem: The World Behind the Veil* schreibt Alev Croutier:

> Für Harem-Frauen, denen so viele Freiheiten genommen wurden, entwickelte sich das Hamam zu einer leidenschaftlichen Besessenheit und zu einem luxuriösen Hobby. Das Baderitual dauerte mehrere Stunden, häufig bis in den Abend hinein… Das Bad gab ihnen die Gelegenheit, hinaus in die Welt zu gehen. Einige hatten bei ihrer Badepilgerschaft genügend Zeit, um ein heimliches Treffen mit einem Liebhaber zu arrangieren. Für alle aber waren die öffentlichen Bäder ein Zentrum von Klatsch und Tratsch, eine Quelle erfundener Skandale. Sie waren die privaten Clubs der Frauen.

Je mehr ich über das *Hamam* lernte, desto besser verstand ich das Leben im Harem und die Rolle, die Henna in der Gesellschaft der Frauen spielte. Alev Croutier beschreibt in allen Einzelheiten, wie sich die Frauen in diesen öffentlichen Badehäusern «mit Schöpfkellen gegenseitig parfümiertes Wasser über den Körper gossen und ihre Haare, Hände und Füße mit Henna färbten». Sie räkelten sich stundenlang, aßen Eis und Obst, nippten an Limonade und rauchten *Chibuks* oder Pfeifen. Sie entfernten ihre Körperbehaarung mit einer Paste aus Zitronen und Zucker und lagen nackt oder nur spärlich bekleidet herum und diskutierten die Tagesereignisse. Croutier fügt noch hinzu, daß «bei besonderen Gelegenheiten wie Hochzeiten Blumenmuster aus Henna auf ihre Körper gemalt wurden».

Für Frauen, die ihr Leben hinter einem Schleier verbrachten, war das Hamam ein entgegengesetztes Universum – ein Universum aus Kontakten, Intimität und Akzeptanz. Der Kontrast zwischen dem Leben innerhalb und außerhalb des Hamam läßt sich nur schwer vorstellen, da die Restriktionen der einen Welt uns Menschen des Westens ebenso unvertraut sind wie die Freiheit und die Intimität der anderen. Frauen konnten sich in der Gegenwart anderer Frauen wohlfühlen und die Freiheit finden, die ihnen in der Gesellschaft der Männer verwehrt wurde.

## Marokkanische Henna-Feste

Nichts ist so wunderbar und magisch wie ein marokkanisches Henna-Fest, auch wenn es nur eine Übernahme traditioneller Festivitäten ist, an denen ausschließlich Frauen teilnehmen durften. Das Essen, die Musik, die Düfte und Gerüche, die ganze Atmosphäre sind Teil einer hinreißenden, exotischen und unvergeßlichen Erfahrung.

Aus der Kultur des Hamam hat sich der Geist der marokkanischen Henna-Feste entwickelt. Diese Feierlichkeiten, die manchmal drei Tage lang dauern, sind die rätselhaftesten und unwiderstehlichsten Henna-Feste, die ich kenne. In einigen Fällen wird auch Magie ausgeübt, die übrigens eine unheimliche Ähnlichkeit mit Voodoo hat. Der Höhepunkt dieser dreitägigen Festlichkeit ist erreicht, wenn die Frau, die die Party veranstaltet, in einen trance-ähnlichen Zustand fällt und einen zuckenden, wirbelnden Tanz beginnt. Man glaubt, daß in diesem Moment der Geist eines Dschinns von ihrem Körper Besitz ergriffen hat.

Henna-Feierlichkeiten sind in Marokko nicht nur das Vorrecht der Frauen. Die Henna-Zeremonie für den Bräutigam findet vor der Hochzeit statt. Am Abend bringt ihm seine Mutter eine Schüssel mit Henna, vier Kerzen, ein Ei und eine Flasche Wasser als Segen. Das Ei wird dann zeremoniell aufgeschlagen und zusammen mit dem Wasser unter das Henna gemischt. Nachdem seine Hände mit der Paste eingerieben wurden, werden die Kerzen entzündet und in die Schüssel gestellt. Seine Gefährten tanzen vor dem Bräutigam. Sie tragen die Schüssel mit den Kerzen abwechselnd auf ihrem Kopf, bis sie zu Boden fällt und zerbricht.

## MODERNE HENNA-FESTE

*Für enge Freunde und Familienangehörige*

Viele Menschen spotten über den Trend, uralte Praktiken wie Joga und Meditation neu zu beleben. Aber je rascher die Technologie voranschreitet, desto schwerer wird es, langsam zu tun. Wir suchen alle nach einer Möglichkeit, uns zu entspannen und den Alltagsdruck hinter uns zu lassen.

Heutzutage sind selbst Fitnessstudios, Schönheitsfarmen und Seminare überfüllt und teuer und können einen ganz schön erschöpfen. Das eigene Heim wird zum Heiligtum für sich selbst und für andere. In dem Buch *Home Spa* stellt die Autorin Manine Rose Golden Rezepte und Techniken vor, um «sich zu regenerieren und zu erfrischen». Der Punkt ist der, daß Mehndi eine Stille und einen Kontakt erfordert, der Spannungen aufheben und gleichzeitig viel Spaß bereiten kann.

*Home Spa* unterbreitet herrliche Vorschläge, die die

Henna ist schon seit langem ein Mittel, um Kinder von Dummheiten abzuhalten, weil sie ihre Hände stillhalten müssen und nichts berühren dürfen, solange das Henna trocknet.

Henna-Bemalung ergänzen: Rezepte für natürliches Körperpeeling, Massagen, Maniküren, Pediküren, Wickeltechniken und sogar eine Maske, um müde Hände zu heilen. Am faszinierendsten ist das Kapitel «Spa Parties», in dem ein Abschnitt über Brautfeste zu finden ist. Nicht jede Frau wird sich dabei wohlfühlen, ihren Gästen an der Tür ein paar Handtücher zu überreichen, aber die Vorstellung, sich mit guten Freundinnen zu treffen, um sich zu entspannen und zu verjüngen, scheint mir überaus ansprechend.

## Transformation

Gleichgültig, wie viel oder wie wenig Gäste anwesend sind, Henna-Parties sind erinnerungsträchtig, intim, fröhlich und voll kreativer Energie.

Mehndi scheint eine verwandelnde Wirkung auf jede Gruppe von Menschen auszuüben, auf Jung und Alt gleichermaßen. Im Laufe des Abends werden in der Wahl von unterschiedlichen Mustern und Entwürfen viele deutlich ausgeprägte Persönlichkeiten sichtbar – Blumen, Sterne, Spiralen, Monde, Weinranken und Schneeflocken. Ein kleines Mädchen möchte vielleicht eine Erdbeere auf seine Hand, ein anderes einen Marienkäfer auf seinen Zeh. Ein Geschäftsmann läßt sich das Ohr anmalen, während sich ein anderer ein afrikanisches Symbol für seinen Oberarm wünscht. Henna-Parties werden zu einer übermütigen Show, jedes neue Motiv sendet Wellen der Erregung durch den Raum. Diese fröhliche Aktivität bricht alle Barrieren nieder und erschafft eine gemeinsam erlebte Erfahrung bei allen Teilnehmern und Teilnehmerinnen.

# HENNA FÜR ZWEI

10. KAPITEL

*Die Bilder, die auf der Hand der Frau entstehen, sollen vom Auge des Mannes prüfend betrachtet werden, insbesondere den Augen des Bräutigams.*
KATHERINE YOUNG
IN *WEDDING SONG*

## EINE ALTE TRADITION DER LIEBE

Mehndi ist ein Symbol für die romantische Liebe, eng verknüpft mit der Liebe zwischen Ehemann und Ehefrau. Mit Hilfe dieses Mediums kann eine Frau all ihre Gefühle für ihren Ehemann ausdrücken und für sein Wohlbefinden beten.

In unserer Kultur symbolisiert der Ring die Ehe, und er ist das einzige Symbol, das über die Hochzeitsfeierlichkeit hinaus getragen wird, um den ehelichen Status eines Menschen anzuzeigen. In Indien tritt eine deutlichere Veränderung auf, da verheiratete Frauen das *Bindi* (einen Punkt in der Mitte der Stirn) und neben vielen Schmuckstücken auch Henna-Malereien tragen.

Man muß sich an dieser Stelle klarmachen, daß das Geschenk des Eheringes in unserer Kultur mit Liebe und auf der Basis von Emotionen überreicht wird. In Indien sind Braut und Bräutigam sich häufig völlig fremd. Wenn sie sich verlieben, sind sie oft schon lange Zeit verheiratet gewesen. In *The Art of Rajasthan* findet sich ein herrliches Gespräch zwischen einer Europäerin und einer Inderin. Als die Frau aus Indien gefragt wird, wie sie einen Mann heiraten kann, den sie nicht kennt, erwidert sie, daß die Liebe im Westen häufig mit der Ehe endet, im Osten dagegen *beginnt* sie mit der Verehelichung und blüht und gedeiht immer weiter.

Das Zelebrieren der Gefühle kommt also viel später, und Henna ist das perfekte Mittel, durch das eine Frau ihre Leidenschaft für ihren Mann zum Ausdruck bringen kann. In ihrer Hand findet sich der Beweis ihrer Liebe.

## DIE VEREINIGUNG DER HÄNDE

Bei traditionellen Eheschließungen bleibt das Gesicht der Braut sowohl im muslimischen als auch im hinduistischen Glauben verschleiert. Ihr künftiger Ehemann bekommt nur ihre Hände und Füße zu sehen. Obwohl die Frauen im allgemeinen nicht mehr gezwungen sind, sich zu verschleiern, haben Braut und Bräutigam sich in vielen Fällen noch nie zuvor gesehen, und der Bräutigam wirft bei dieser Gelegenheit zum ersten Mal einen Blick auf die Frau, mit der er sein Leben teilen wird. Jeder Zentimeter des «jungfräulichen Körpers» ist mit Schmuck verwandelt und verherrlicht worden, bedeckt mit Stoffen, Juwelen oder Henna-Malereien.

In der hinduistischen Tradition feiert man mit der Vereinigung der Hände, dem *Hathleva*, den ersten körperlichen

Kontakt von Braut und Bräutigam, wobei das Henna als Segen auf ihren Handflächen liegt:

> Unter den Hindus gibt es den Brauch, daß zur Zeit der Eheschließung Bräutigam und Braut das *Sepata Padi* befolgen, indem sie sieben Mal um das Feuer gehen. Vor dieser Zeremonie und zur Zeit des *Gatha Bandhan* (dem Akt der Zusammenführung von Braut und Bräutigam), legt der Junge die Handfläche des Mädchens auf seine eigene Handfläche. Dieses Ritual heißt *Hathaleva jurai* (die Vereinigung der Hände). Bei dieser Vereinigung wird ein Ball aus Mehndi-Paste auf die Handfläche des Bräutigams gegeben. Auf diese Hand mit der Mehndi-Paste wird die Hand der Braut gelegt. Dann werden beide Hände zusammengedrückt. Dabei färbt sich die Handfläche der Braut rot, was ihre Freunde und Verwandten für ein gutes Omen halten.
>
> Man glaubt weithin, je tiefer die Farbe des Mehndi, desto glücklicher wird ihr Eheleben. Das Mädchen wird sich während ihres ganzen Lebens der unermeßlichen und unablässigen Liebe ihres Ehemannes erfreuen. Daher nennt man Mehndi auch *Premras racani*, die «Liebes-Essenz», die immer rot ist. Ein Mehndi, das von solcher Liebe durchdrungen wird, ist natürlich von überlegener, ergötzlicher und intensiver Farbe und färbt Hände und Füße höchst reizvoll.
>
> – Jogendra Saksena

Ein in vielen verschiedenen Kulturen beliebter Hochzeitsbrauch ist das Verstecken der Initialen des Bräutigams im Mehndi-Muster. In der Hochzeitsnacht wird er dann aufgefordert, sie zu finden. (Denken Sie daran, auf arabisch oder hindi ist das weitaus schwieriger als beim westlichen Alphabet.) Wenn er seine Initialen nicht findet, wird sie in der Ehe die Hosen anhaben; wenn er sie findet, verhält es sich umgekehrt.

Die Frage von Dominanz und Unterwerfung hat in Ländern, in denen die Rolle von Mann und Frau sich von der in unserer Heimat so sehr unterscheidet, eine große Bedeutung. Angesichts der sexuellen und kulturellen Gegebenheiten kommt diese Dynamik auch in Brautritualen wie dem *Mehndi Rat* oder der Henna-Bemalung zum Tragen. In einem Artikel, der im *Journal of American Folklore* veröffentlicht wurde, schreibt Phyllis Gorfain:

> Die Unterwürfigkeit der Braut wird daher auf ihren Händen und Füßen sichtbar gemacht – beides Instrumente und Symbole ihrer ganz persönlichen Macht und Mobilität und ihrer Fähigkeit, ihre Welt zu verändern. Verschönert und erotisiert durch einen Mantel aus Henna dienen ihre bemalten Hände und Füße als Zeugnis der Sorge ihres Ehemannes *um* sie, wie es auf ihrem Körper geschrieben steht.

Viel wird über das Mehndi einer Braut hinter vorgehaltener Hand erzählt. Ich habe gehört, je kunstvoller und komplizierter die Henna-Malereien, desto besser ist die Frau in der Kunst der Liebe geschult. In den langen Stunden, die solche Arbeiten erfordern, werde sie angeblich gleichzeitig in den Freuden des Fleisches unterwiesen. Höchstwahrscheinlich ist das nur ein Scherz, aber er mag seine Wurzeln in der Praxis haben, obwohl man darüber niemals offen reden würde.

Die Henna-Malereien der Braut sind von Aberglaube und Gerüchten umgeben. Aber so spielerisch viele dieser Rituale auch sind, unter der Oberfläche lauert die Sinnlichkeit wie ein Schleier, der mit jeder Geste und jedem Blick weiter angehoben wird.

# EROTIK

Mehndi wird eng mit dem sexuellen Erwachen der Frau verknüpft. Von den monogamen und arrangierten Ehen der Hindus und der Sephardim bis hin zu den Harems in der Türkei und Persien wurde Henna jahrhundertelang als sexueller Initiationsritus genützt. Es verkündet die erblühende Weiblichkeit und die

Sie locken den Blick des Mannes an und lenken ihn gleichzeitig ab. Er findet in ihnen nicht nur seine eigene Vorstellung von Frauen wieder, sondern auch ein Spiegelbild seiner Selbst, eine Möglichkeit, sich selbst zu finden, sich wieder aufzugeben und sich in der Frau zu finden: seine Initialen verflochten in ihre Inschriften.

KATHERINE YOUNG
IN *WEDDING SONG*

Verwandlung von der Jungfrau in ein erotisches Wesen. Folgerichtig gilt Mehndi in der Volkskunst Indiens als eine Substanz mit der Macht, die tiefsten Sehnsüchte einer Frau zu wecken. In *The Art of Rajasthan* schreibt Jogendra Saksena:

> [Es heißt], Mehndi-Malereien auf der Handfläche einer Frau laden ihre Emotionen zu einem Zustand der Ekstase auf. Sie werde dadurch in eine andere Frau verwandelt. In diesen Augenblicken der Verzückung könnte sie, wenn sie müßte, mit einem Atemzug zweihundert Meilen auf einem Pferderücken reiten. Denn nichts könnte sie davon abhalten, zu ihrem Ehemann zu eilen …. In diesen Augenblicken romantischer Ekstase würde eine Frau alles tun, um ihre Sehnsüchte zu befriedigen.

Mehndi ist eine Kunstform, bei der die wahren Gefühle einer Frau für ihren Ehemann zum Ausdruck gebracht werden. Kunstvolle und komplizierte Muster vermitteln eine erotische Botschaft. Sie künden von dem Verlangen und der Liebe einer Frau. Vielleicht sprechen die Männer Henna aus diesem Grund magische Eigenschaften zu. Fast immer wird es als Liebesmittel bezeichnet. In der Lyrik, in Sagen und Überlieferungen erzählen die Männer von der Macht des Henna, in einer Frau Leidenschaft und Verlangen wachzurufen. In *The Art of Rajasthan* vergleicht eine Legende «das Götterblut des Mehndi mit dem Begeisterungstaumel eines betrunkenen Elefanten»:

> Mendi ko mad joban-gand se bahai.

> Wenn ein Elefant trunken ist und in leidenschaftliche Begeisterung ausbricht, strömt *Mada* von seiner *Grandasthal* (Schläfe). Wenn eine junge Frau ihre Handfläche mit herrlichen Mehndi-Mustern schmückt, wird sie auf ähnliche Weise trunken von der Fülle an Farbe, Anmut und Zartheit der Linien und der Lieblichkeit, die das Muster ihrer Person verleiht. In diesem Augenblick hat sie das Gefühl, als ob ihre ganze Jugend von etwas Überirdischem angefüllt wäre, und in dieser Ekstase verliert sie sich in sich selbst und sehnt sich nach der Gegenwart des geliebten Mannes.

In Indien nennt man die Erfüllung irdischen Verlangens *Bhoga*, und das erotische Vergnügen, *Kama*, ist Teil dieser Erfüllung. Kunstvolle Ornamente zur Ausschmückung des Körpers sollen das Kama eines Paares erhöhen. Sie sind eine der zahlreichen Möglichkeiten, wie eine Frau ihr Verlangen für ihren Ehemann ausdrücken kann. In ihrem Buch *Traditional Jewelry of India* schreibt Oppi Untracht:

> Die Frauen in der Kunst und im Leben Indiens schmücken sich in Hingabe an die Männer, und das mit einer Inbrunst, die religiöser Hingabe gleichkommt. Nur wenn sie diese Rolle nicht länger erfüllen können, beispielsweise als Witwe oder in hohem Alter, schwören die Frauen diesem Brauch ab. So lange sie jung und fruchtbar sind und einen Mann haben, folgen die Frauen Indiens einer irdischen Theologie, in der [das Schmücken] eine entscheidende Rolle bei der Vereinigung von Mann und Frau spielt.

Mehndi ist ebenso eine Kunstform wie ein Aphrodisiakum. Henna-Muster erstrahlen in romantischem Licht, werden idealisiert und erotisiert, und man glaubt gemeinhin, daß damit auf Männer wie Frauen gleichermaßen ein Zauber ausgeübt wird. Über die Wirkung, die diese Bilder auf Männer haben, werden ebenso volltönende Geschichten erzählt wie über ihre Wirkung auf Frauen. Schließlich ist jedes einzelne Motiv die visuelle Manifestation der Leidenschaft und des Verlangens, die eine Frau für ihren Mann empfindet.

Die Liebesgedichte Indiens sind voller Henna-Metaphern; leidenschaftliche Erinnerungen an Muster, die – wie die Hände, die sie trugen – schon lange im Fluß der Zeit untergegangen sind.

Sie:
Solange der König an der
Tafel liegt, gibt meine
Narde ihren Duft.
Mein Geliebter ruht wie
ein Beutel mit Myrrhe
an meiner Brust.
Eine Hennablüte ist mein
Geliebter mir aus den
Weinbergen von En-Gedi.

Er:
Schön bist du,
meine Freundin,
ja, du bist schön!
Zwei Tauben sind
deine Augen.

DAS HOHELIED
SALOMOS 1, 12-15

*Filigrane Arabesken wir-
beln durch den Raum,
schließen ihn ab, bilden
sich neu, entwickeln Ran-
ken, minutiöse Netze,
Kurven, Zweige und
Wurzeln. Die Henna-Bil-
der verlocken das Auge
zu forschen, sie zu öffnen,
sie einzufangen. Sie sind
gleichzeitig Darstellungen
und Widerspiegelungen.*
KATHERINE YOUNG
IN *WEDDING SONG*

DER GELIEBTE
Das Henna sprießt wie ein paar Blätter,
Der Liebessaft des Henna hat eine liebliche Farbe…
O meine Herrin, wer hat eure Hand bemalt?
Der Lebenssaft des Henna hat eine liebliche Farbe…
O meine Herrin, legt eure Hände auf mein Herz,
Der Liebessaft des Henna hat eine liebliche Farbe…
– MEHNDI-LIED AUS MEWAR

Mehndi ist eine sinnliche Erfahrung, die sich nicht nur auf das Visuelle beschränkt, sondern auch andere Sinne miteinbezieht. Ein Mann wird nicht nur von den anmutigen Gesten der Hände einer Frau und den kunstvollen Bildern auf ihnen verzaubert, sondern auch von dem starken, moschusartigen Duft der Farbe auf ihrer Haut. Barbara Barber schreibt über ihre Reisen in Tunesien: «Doch es waren die Männer aus unserem Bekanntenkreis, die uns die wahre Anziehungskraft des Henna nahebrachten – seine erotische Wirkung auf Männer. Henna hat einen überaus irdischen Geruch, der so lange andauert wie die Farbe.»

Die Sage will es, daß sogar der Duft der Henna-Pflanze eine unwiderstehliche Anziehungskraft ausübt, die sowohl Männer als auch Schlangen anlockt, wenn der Strauch im Mai und Juni blüht.

## DER LIEBESTRANK

Mehndi ist eine Substanz mit so intensiven Assoziationen und unwiderstehlichem Charme, daß es zum Thema von Zaubersprüchen und Aberglaube wurde. Sogar Männer verwenden Henna, um die schützenden Kräfte der Liebe einer Frau heraufzubeschwören.

In Indien befestigen die Rajput-Krieger einen kleinen Beutel mit Henna an der Scheide ihres Schwertes, damit sie sich vor der Schlacht etwas Henna auf die Handfläche reiben konnten. Das erinnerte sie an die *Hathdeva*-Zeremonie ihrer Hochzeit, bei der sie die Hände ihrer Braut zum ersten Mal berührten. «Hier spielt das Schwert auf die Liebste an, deren Hand er zur Zeit der Eheschließung hielt und die als schützendes Schild immer bei ihm bleibt, wenn auch nicht physisch.»

Im Mehndi gibt es zweifelsohne auch das Element der Hexenkunst, sogar in Indien. Es bietet ein System der «Verehrung durch die Kunst». In ihrem Buch *Berber* weisen Stanzer und Reinisch darauf hin, daß «Magie sich häufig mit Sexualität und anderen zwischenmenschlichen Problemen beschäftigt». Viele der Symbole und Muster des Mehndi werden in der Absicht gefertigt, eine romantische Beziehung zu schützen oder zu verstärken.

Ein beliebtes Motiv unter den Frauen Marokkos ist das Bild eines Auges in einem Herzen. Normalerweise wird es in die Mitte der Handfläche gemalt und soll die Liebe unter anderem vor den lüsternen Blicken anderer schützen.

## INTIMITÄT UND PHANTASIE

Wenn man in einen Papierwarenladen oder ein Grußkartengeschäft geht, sieht man den Beweis dafür, auf welch vielfältige Weise wir geliebten Menschen Nachrichten zukommen lassen. Das gehört zu unserer Tradition des Feierns. Es gibt spezielle Karten für Geburtstage, Jahrestage, akademische Ehren, Hochzeiten oder religiöse Feierlichkeiten; Karten, um sich zu entschuldigen oder zu bedanken, um seine Liebe, sein Bedauern oder seine Hoffnung auszudrücken.

Sie müssen keine Künstlerin sein, um dem Menschen, den Sie lieben, eine Nachricht zu übermitteln. Henna ist nichts weiter als ein Mittel zum Zweck. Es gibt kein richtig oder falsch. Wenn Sie sich entschließen, eine geheime Botschaft auf Ihre Haut oder die Ihres Partners zu malen, dann gibt es keinen besseren Weg als Ihren ganz persönlichen.

Der Tanz feiert wie die Lyrik das erotische Wesen der Henna-Malerei. Bei vielen Tänzen in Afrika und Asien werden die Schönheit und die Anmut von Händen und Füßen einer Frau durch Juwelen und Henna-Bilder hervorgehoben. Beim Guedra, dem Ritualtanz der Liebe unter den Völkern Nordafrikas, sollen Armketten aus Silber und kunstvolle Henna-Bilder das Auge des Mannes auf die sinnlichen Bewegungen der Finger und Hände lenken, während eine kniende Frau sich im Kreis anderer Frauen entschleiert. Sie tanzt zum Rhythmus von deren Händen und Stimmen, bis «sie sich langsam entschleiert und schließlich in Trance fällt».

## Intime Begegnungen

Die Praxis des Mehndi wird seit Jahrhunderten in starkem Maße von religiösen Überzeugungen beeinflußt, und doch geht es im Grunde um das Feiern der sexuellen Vereinigung und der ehelichen Liebe. Sie verletzen niemanden, wenn Sie Ihre eigene Mehndi-Geschichte schreiben. Sollten Sie mit diesem Medium nicht vertraut sein, dann lassen Sie sich einfach zu neuen Möglichkeiten inspirieren, sich daran zu erfreuen. Seien Sie abenteuerlustig! Lassen Sie Henna zu einer Variante werden, wie Sie den Menschen, den Sie lieben, feiern können.

Hier einige Vorschläge, wie Sie und Ihr Partner sich gemeinsam an Henna erfreuen können:

- Schreiben Sie einen Liebesbrief auf die Haut.
- Malen Sie eine Geheimbotschaft an eine Lieblingsstelle Ihres Körpers, und lassen Sie Ihren Partner danach suchen.
- Bereiten Sie eine Flasche mit Henna-Paste für Sie beide vor, und bemalen Sie sich gegenseitig. (Wenn Sie wirklich tollkühn sein wollen, lassen Sie den anderen erst sehen, was Sie gemalt haben, wenn Sie die Bilder am nächsten Morgen auswickeln.)
- Schreiben Sie eine Entschuldigung dorthin, wo Ihr Partner sie am wenigsten erwartet, wenn Sie das nächste Mal das Gefühl haben, Sie müßten sagen, wie leid es Ihnen tut.
- Schenken Sie sich gegenseitig einen Jahrestag, der Ihnen immer in Erinnerung bleiben wird, indem Sie sich bei Kerzenlicht bemalen.
- Führen Sie unablässig einen Dialog mit dem Körper des anderen.
- Erfinden Sie Muster, Sätze oder Bilder, die auf dem Körper Ihres Partners zu Ende geführt werden. (Eine lustige Möglichkeit ist ein Band beziehungsweise eine Kette, die Ihre Hände aneinanderbindet, und den Linien mit Ihren eigenen Ornamenten oder Worten zu folgen.)
- Schenken Sie sich eine Pediküre, und bemalen Sie einander die Füße. Tun Sie das im Winter, wenn es sonst niemand sieht.
- Erschaffen Sie Muster, die Sie beide zu Ihrem Geheimcode werden lassen.
- Entführen Sie Ihren Partner auf eine Schatzsuche, und schreiben Sie die Hinweise auf Ihren Körper.
- Gönnen Sie sich und Ihrem Partner einen Tag zu Hause. Schenken Sie sich den Luxus, einen ganzen Tag allein zu sein. Nehmen Sie ein ausgedehntes Bad, massieren Sie sich gegenseitig, und kochen Sie sich eine

wunderbare Mahlzeit. Das ist die perfekte Art und Weise, Mehndi zu erfahren. Bemalen Sie sich gegenseitig an einer besonderen Körperstelle, sehen Sie sich einen Film an oder gehen Sie ins Bett.

Aber vor allem: Amüsieren Sie sich! Henna kann Ihr Geheimnis sein, und niemand braucht zu erfahren, was Sie damit tun. Gestatten Sie sich und Ihrem Partner die Privatsphäre, die Sie brauchen, um damit zu spielen.

Wenn Sie vergessen haben, wie man das macht, kann Mehndi Ihrem Gedächtnis auf die Sprünge helfen.

# AN DIE KÜNSTLERIN

11. KAPITEL

Beim Mehndi geht es vor allem um Kontakt – um den inneren und den äußeren Kontakt. Um den Kontakt zwischen den eigenen Überzeugungen und dem, was man tut, aber auch um den Kontakt zwischen zwei Menschen. Mitgefühl und Respekt, die Sie Ihren Mitmenschen entgegenbringen, bekommen durch dieses Medium eine Stimme.

Zwei Hände formen eine Brücke zwischen zwei Welten. Sie werden eine Menge über diesen anderen Menschen lernen, auch wenn keine Worte fallen. Natürlich beinhaltet der Akt selbst eine gewisse Verletzlichkeit und Intimität. Die Verbindung zweier Hände über einen längeren Zeitraum hinweg bringt Gedanken an Vertrautheit, Liebe und Zuneigung auf. Selbst der reservierteste Mensch kann durch diese Erfahrung verwandelt werden. Es fällt schwer, zurückhaltend zu sein, wenn man körperlichen Kontakt zu einem anderen Lebewesen hat.

Eine Kundin erzählte mir einmal, daß ich erst der zweite Mensch war, dem sie in vielen, vielen Jahren erlaubte, sie zu berühren. Sie war eine reizende Person, und ich betrachte es als Privileg, mit ihr gearbeitet zu haben. Ich glaube, diese Begegnung war für uns beide wichtig.

Man kann viel über eine Person erspüren, wenn man sie berührt. Ein Teil ihres Wesens kommuniziert sich allein durch den Kontakt. In den meisten Fällen wird Sie der Mensch, mit dem Sie arbeiten, wirklich überraschen, das heißt, wenn Sie offen sind und bereit, Ihre Voreingenommenheit loszulassen. Ihre Vorstellung, wer der andere ist, kann zu Ihrem größten Hindernis werden.

Als Henna-Künstlerin halten Sie die Tür zu einer anderen Welt offen. Sie sind die Führerin, obwohl Sie die Reise an Orte führen kann, an denen Sie noch nie zuvor waren. *Ihre* Einstellung bestimmt die Mehndi-Erfahrung des anderen. Machen Sie sich klar, daß der Mensch, mit dem Sie arbeiten, etwas von dem aufnimmt, was Sie ausstrahlen. Wenn Sie nicht in der Lage sind, Ihr Gegenüber zu entspannen, wenn Sie ihm nicht das Gefühl vermitteln können, willkommen zu sein, wird die Qualität Ihrer Arbeit darunter leiden.

Eigentlich sollten Sie Ihre Kundin nicht nur fragen, was sie will, sondern ihr auch sagen, was Sie sehen. In gewissem Sinne ähnelt der Job der Mehndi-Künstlerin der einer Wahrsagerin. Häufig geben die Handlinien ein bestimmtes Muster vor, und Sie müssen versuchen, das zu beschreiben, was Sie da sehen.

Bücher mit Muster-Vorlagen sind eine Erfindung des Westens. Die Kunst des Mehndi hat sich durch die unmittelbare Erfahrung und durch Übung entwickelt, und jede Frau war darauf bedacht, ihren eigenen Stil und ihre eigene Technik zu entwickeln. Es ist ein großer Fehler, wenn sich Ihre Kundin ein Bild aus einem Buch aussuchen darf. Ein Motiv von einer Vorlage auf eine Hand zu übertragen, kann nicht nur schwer, sondern auch frustrierend sein. Es fehlt das Gefühl des Fließens und der Anmut, wie es im wahren Mehndi existiert, und es erlaubt Ihnen nicht, das zu tun, was Sie am besten können. Außerdem stört es Ihre Fähigkeit, sensibel zu reagieren, offen und präsent zu bleiben. Wenn Sie solche Vorlage-Bücher überhaupt einsetzen, dann nur, um ein Gefühl dafür zu bekommen, was der Betreffenden gefällt.

Nur selten beschränkt sich eine Kundin auf ein paar hübsche Ornamente, sobald ihr erst klar ist, wieviel mehr ihr die Kunst des Mehndi zu bieten hat. Nehmen Sie sich Zeit. Helfen Sie ihr, das zu erkennen. Indem Sie hingebungsvoll mit einer Person arbeiten und ihre häufig schockierend persönlichen und intimen Botschaften sichtbar machen, gelangen Sie in eine privilegierte Position. Sie werden zur Partnerin bei einer persönlichen, manchmal spirituellen Suche. Ihr Leben kann sich ebenso verändern wie das Ihrer Kundin.

## HEILUNG

Hat die Henna-Kunst heilende Eigenschaften? Schwer zu sagen. Heutzutage wird jede Form der Verschönerung, die natürlich und gut für den Körper ist, als heilend betrachtet. Wichtig ist vor allem, daß Henna den Frauen hilft, sich mit ihrem Körper auf positive Weise neu zu verbinden. Es ist außerdem eine umweltgerechte Kunstform, und jede Zunahme ihrer Popularität bedeutet, daß mehr von diesen herrlichen Sträuchern gepflanzt und geerntet werden.

Jogendra Saksena war der festen Überzeugung, daß Mehndi das Potential hat, «die Kälte des Maschinenzeitalters zu vertreiben». Er hielt die Henna-Bemalung für eine einfache, natürliche Aktivität, die Menschen zusammenbringt. In allen Kulturen, in denen Mehndi ausgeübt wird, verbreitet es Fröhlichkeit, ein gutes Gefühl und den Geist der Gemeinschaftlichkeit. Ich glaube, wenn wir diese wunderbare Tradition ehren und bewahren, wird uns das auf eine Weise helfen, die wir noch gar nicht ganz verstehen.

Viele Menschen feiern mit Hilfe von Mehndi ihre eigene Genesung, und persönliche Heilungssymbole gehören zu den bewegendsten und erinnerungswürdigsten Motiven, die ich jemals gemalt habe. Menschen, die an einer Krankheit oder einer Verletzung litten, haben sich den Respekt für das Geschenk ihres physischen Körpers schwer erarbeitet – ein Respekt, der uns Gesunden häufig fehlt. Da Mehndi dem Körper in keinster Weise schadet und aus einer Pflanze gewonnen wird, die für ihre heilenden Eigenschaften bekannt ist, und weil damit jahrhundertelang die Schönheit der menschlichen Form unterstrichen wurde, scheint es für jemand, der seinem Körper etwas Gutes tun will, der naheliegendste Schritt zu sein.

Einige Menschen, mit denen ich gearbeitet habe, hatten Verletzungen an ihren Händen erlitten, andere kämpften gegen Krebs, während wieder andere mit Hilfe von Mehndi feierten, endlich vom Alkohol losgekommen zu sein. Eine Frau ist mir besonders im Gedächtnis geblieben. Sie kam bei einer Veranstaltung unter freiem Himmel auf Martha's Vineyard auf mich zu und fragte mich, ob ich auf ihren Knöchel einen Blitz malen könnte, der ein Herz durchfährt. Ich war von ihrer Bitte überrascht, bis sie mir erklärte, daß ein Defibrillator in ihren Körper eingesetzt worden war, um elektrische Wellen zu ihrem Herzen zu schicken, falls es aufhören sollte zu schlagen, was schon mehrmals vorgekommen war. Das Herz und der Blitz waren das Firmenzeichen des Unternehmens, in dem das Gerät hergestellt worden war, das dafür sorgte – und immer noch sorgt –, ihr Leben zu retten.

## DAS WEISSE HERZ

Mehndi stellt – wie jede Kunstform – eine enorme Herausforderung an das eigene Selbst dar. Bei dieser Arbeit sollte niemals das Gefühl von Langeweile aufkommen. In *The Arts and Crafts of Morocco* schreibt James Jereb: «Die Berber und Araber kennen den Begriff des ‹Blanc Coeur› (des weißen Herzens), der die Menge an Liebe und Mühe symbolisiert, die sie in eine schöpferische Arbeit stecken, und das bringt in allen Künstlern und Künstlerinnen eine vertraute Saite zum Klingen.»

## WAS UNS HEILIG IST

Häufig haben mich Menschen gefragt, ob es denn rechtens sei, Mehndi auszuüben, da es sich doch um eine Kunst mit religiösem Charakter handle. Sie fürchteten, «jemandem damit auf die Füße zu treten», Hindus, Moslems oder Juden zu «beleidigen». Sie betrachteten sich als Außenseiter, unwürdig, an einer Tradition teilzuhaben, die nicht die ihre ist.

Ich kann diese Vorbehalte verstehen, aber ich teile sie nicht. Die Kunst ist eine universelle Sprache. Sie bietet uns allen einen Weg, uns selbst und andere besser kennenzulernen.

Die Religion kann durchaus eine Möglichkeit sein, unsere Ähnlichkeiten zu entdecken und nicht unsere Unterschiede. Menschen neigen dazu, das Heilige für sich in Anspruch zu nehmen, indem sie es in Zeit und Raum festschreiben. Aber das Heilige ist aktiv und lebendig und kann nicht von dem getrennt werden, was es im menschlichen Geist hervorruft. *Wir* geben den Dingen eine Bedeutung, und die Beziehung zwischen Verehrung und Form ist ebenso persönlich wie universell.

Chögyam Trungpa schreibt in *Dharma Art* sehr beredt über das Wesen des Heiligen in der Kunst:

Ein Kunstwerk entsteht, weil es eine grundlegende Heiligkeit gibt, unabhängig von dem Glauben oder den Überzeugungen des Künstlers. Die Heiligkeit ist ein himmlischer Aspekt, der gewissermaßen einen Schirm erschafft, der sehr machtvoll und überaus *real* wird. An diesem Punkt ist die Würde des Menschen wichtiger als eine bestimmte Religion oder Disziplin, aus der ein Mensch kommt ... Aus diesem Blickwinkel ist die Heiligkeit das Entdecken des Guten, und das geschieht unabhängig von persönlichen, gesellschaftlichen oder körperlichen Beschränkungen.

Für mich war es von immenser Wichtigkeit, daß ich von den Menschen, die ich für dieses Projekt befragte, niemals auch nur einen Hauch von Animosität gespürt habe. Jeder einzelne – sei es die Künstlerin aus Marokko, der Taxifahrer aus Pakistan, der Ladeninhaber aus Ägypten, die Mutter aus dem Jemen oder der Geschäftsmann aus Kenia – war hilfreich, großzügig und begeistert, daß ein Stück seines eigenen Erbes mehr Anerkennung und Aufmerksamkeit bekommen sollte. Ich finde, daß mein Bewußtsein für diesen kleinen Aspekt so vieler reicher Kulturen mir gestattet hat, die Fülle menschlicher Erfahrungen besser zu verstehen, die mich in einer Stadt wie New York umgibt.

*Das Schönste, das wir erfahren können, ist das Geheimnisvolle. Im Geheimnisvollen liegt die Quelle der wahren Kunst und Wissenschaft.*
ALBERT EINSTEIN

## EIN WORT ZUM SCHLUSS

Beim Mehndi geht es ums Zuhören. Es ist eine Möglichkeit, Menschen näher kennenzulernen, etwas über die vielen verschiedenen Lebensweisen zu erfahren, aber auch die eigene Stimme zu vernehmen. Jeder Mensch, der mit Henna bemalt werden möchte, streckt Ihnen die Hand hin. Schenken Sie ihm Ihre Aufmerksamkeit.

Wenn Sie mit Freude arbeiten und das wahre Potential dieses Mediums erforschen, üben Sie die Arbeit einer Heilerin und auch einer Künstlerin aus. Sie bewirken durch Berührung Veränderung, wobei das Henna-Bild auf der Haut noch die geringste Veränderung darstellt.

Ich glaube fest an die Kraft der Absicht. Ich bin auch der Ansicht, daß jede Begegnung zwischen zwei Menschen eine verborgene Bedeutung hat, die sich mit ihrer eigenen Geschwindigkeit, in ihrer eigenen Zeit entfaltet. Henna bietet die Gelegenheit zusammenzukommen, nicht den Grund. Der Grund ist die Reise, und sie ist die verschleierte Frau, umhüllt von Geheimnissen, die verzaubert und lockt.

| | |
|---|---|
| **Mehndi Tempel** | Petra Rascher, Gertrudenstraße 2, 20095 Hamburg, Tel. 040 / 30 39 98 11, Fax 040 / 33 88 71 |
| **Coolstuff** | Steinstraße 28, 37115 Darmstadt, Tel. 0 55 / 27 94 16 44, Fax 0 55 / 27 9 41 15 12, www.coolstuff.tm/tattoo.htm |
| **Gateway to India** | Karl-Marx-Straße 3, 54290 Trier, Tel. 06 51 / 4 36 01 16, Fax 06 51 / 4 36 01 46, www.ethnostore.com/adresse.htm |
| **Mitras Magic Market** | Postfach 101 116, 46211 Bottrop, Tel. 0 20 41 / 26 27 66 www.mitras-magic-market.de |
| **Spinnrad** | www.spinnrad.de//tattoo.htm (200 Zweigstellen in ganz Deutschland) |
| **Tribal Jewelry** | Stettener Straße 31, 71384 Weinstadt, Tel. 0 71 51 / 6 25 41, Fax 0 71 51 / 6 25 41, www.tattoobedarf.de/main.htm |
| **House of Mehndi** | Winkelriedstraße 20, 6006 Luzern, Tel. 0 41 / 2 11 17 19, Fax 0 41 / 2 11 17 18, www.mehndi.ch |
| **IGV Tausch** | Zollstraße 4, 9464 Lienz, www.igv.ch |
| **Mehndi SaBo** | Peter-Rot-Straße 92, 4058 Basel. Tel. 0 61 / 681 55 13 / 0 61 / 421 41 12, www.access.ch/private-users/sabo |
| **World of Henna** | Postfach 20, 9030 Abtwil, Tel. 0 71 / 3 11 40 44 |

*Lieferanten frischer Henna-Paste:*

18 5000 S. Pioneer Blvd., Suite 203-204, USA-Artesia, CA 90701, **Ziba Beauty Center**
Tel. 001 / 562 / 402 51 31, Fax 001 / 562 / 402 21 39

*Der europäische Händler für ZIBA Beauty Products ist:*

Ventura House, Bullsbrook Road, GB-Hayes, Middx. UB4 0UJ, **Original Additions**
Tel. 0044 / 181 / 573 9907, Fax 0044 / 181 / 573 6824

5129 Ballard Avenue NW, USA-Seattle, Washington 98107, **Color Trends**
Tel. 001 / 206 / 789 1065 (Einzel- und Großhandel. Firma wurde von
den Vereinten Nationen für ihre Umweltfreundlichkeit ausgezeichnet.
Berühmt für Naturfarben)

K. Kalustyan's Orient Expert Trading Corporation, **Kalustyan's**
123 Lexington Avenue, USA-New York, N.Y. 10016,
Tel. 001 / 212 / 685 8458 (Versenden Waren weltweit per Post. Große
Auswahl an Gewürzen im Groß- und Einzelhandel)

97½ East 7th Street, USA-New York, N.Y. 10009, Tel. 001 / 212 / 614 0716 **Penny's Herb Company**
(Versenden Waren weltweit per Post) **& General Store**

# BIBLIOGRAPHIE

Arguelles, José und Miriam: *Das grosse Mandala-Buch*. Aurum Verlag, Braunschweig 1996.

Barthes, R.: *Mythologies*. Hill and Wang, New York 1972.

Bhanawat, Dr. Mahendra: *Menhadi Rang Rachi*. Bhartiya Lok-kala, Udaipur 1976.

Croutier, Alev Lytle: *Harem – The World Behind the Veil*. Abbeville Press, New York 1989.

Fontana, David: *The Secret Language of Symbols*. Chronicle Books, San Francisco 1994.

Frankl, Viktor E.: *Der Wille zum Sinn. Ausgewählte Vorträge über Logotherapie*. Huber Verlag, Bern 1972.

Golden, Manine Rosa: *Home Spa – Recipes and Techniques to Restore and Refresh*. Abbeville Press, New York 1997.

Goodwin, Jan: *Price of Honor – Muslim Women Lift the Veil of Silence on the Islamic World*. Little & Brown, Boston 1994.

Grabar, Oleg: *The Mediation of Ornament*. Princeton University Press, Princeton 1992.

Handa, O. C.: *Pahari Folk Art*. D. B. Taraporevala & Sons 1975.

Huntley, H. E.: *The Divine Proportion: A Study in Mathematical Beauty*. Dover Publications Inc., New York 1970.

Jereb, James F.: *Arts and Crafts of Morocco*. Chronicle Books, San Francisco 1995.

Jung, Carl G. (Hrsg.): *Untersuchungen zur Symbolgeschichte*. Rascher Verlag, Zürich 1951.

Kanafani, Aida Sami: *Aesthetics and Ritual in the United Arab Emirates*. The American University of Beirut, Beirut 1983.

Macrae, Janet: *Therapeutic Touch – Kontaktheilung. Die heilende Berührung*. Aquamarin Verlag, Grafing 1995.

Maisel, Eric: *A Life in the Arts.* Jeremy P. Tarcher/Putnam Books, New York 1992.

Manniche, Lise: *An Ancient Egyptian Herbal.* British Museum Publications Ltd., London 1989.

Nourse, Alan E.: *The Body.* Time-Life Books, New York 1964.

Phoenix und Arabeth: *Henna (Mehndi) Body Art Handbook – Complete How-To Guide.* 1997.

Prakash, K.: *Paisleys and Other Textile Designs from India.* Dover Publications Inc., New York 1994.

Saksena, Jogendra: *The Art of Rajasthan – Henna and Floor Decorations.* Sundeep Prakashan, Dehli 1951.

Searight, Susan: *The Use and Function of Tattooing on Moroccan Women.* HRAFlex Books, MWI-001 Ethnography Series, New Haven 1984.

Shalaka, Narvekai: *Art of Mehandi.* Navneet Publications Ltd., Bombay 1996.

Shankar, Ann und Housego, Jenny: *Bridal Durries of India.* Mapin Publishing Pvt. Ltd., Ahmedabad 1997.

Sinha, Indra (Ü): *The Love Teachings of Kama Sutra.* Marlowe & Company, New York 1997.

Stewart, Ian: *Nature's Numbers – The Unreal Reality of Mathematics.* Basic Books, New York 1995.

Trungpa, Chögyam: *Dharma Art.* Shambhala, Boston und London 1996.

Untracht, Oppi: *Traditional Jewelry of India.* Harry N. Abrams Inc., New York 1997.

Vatsyayana: *Kamasutra.* Lichtenberg Verlag, München 1965.

Wolkstein, Diane: *The First Love Stories.* HarperCollins, New York 1991.


*Aditi – The Living Arts of India.* Smithsonian Institution Press, Washington 1985.

Reinisch, Helmut und Stanzer, Wilfried: *Berber – Tribal Carpets and Weavings from Morocco.* The R. Hersberger Collection 1991.

*Ausstellungskataloge*

| | |
|---|---|
| *Artikel* | Cohen, Rona I.: «A Jewish Yemenite Henna Ceremony and Its Dances.» *Journal of the Association of Graduate Dance Ethnologists.* Frühling 1981, Heft 5, S. 29-36. |
| | Elwin, V.: «The Decoration of the Body.» *Art and Industry* 4, 1947. |
| | «Life in India Behind the Veil.» *National Geographic*, August 1977, S. 280. |
| | Gorfain, Phyllis; Kapchan, Deborah und Young, Katherine: «Wedding Songs – Henna Art Among Pakistani Women in New York City.» *Journal of American Folklore.* Winter 1996, Heft 109, Nr. 143. |
| | Jain, Charesh: «The Lure of Mehndi.» *Arts of Asia.* |
| | Messina, Maria: «Henna Party – An Orange-red Cosmetic Raises Moroccan Women's Spirits.» *Natural History* 1988, Band 97 (9). |
| | Saksena, Jogendra: «Henna for Happiness.» |
| | Siegel Barber, Barbara: «Tunisian Images – Of Henna and Weddings.» *Arabesque*, Sept.-Okt. 1987, Heft 15, Nr. 3. |
| | «Manners and Customs of Mankind.» Band 1, Amalgamated Press, London ca. 1930 (S. 553-4). |
| | *Encyclopedia Britannica*, Band 2, S. 356. First published in 1768 by a society of gentlemen in Scotland, William Benton, Publisher. |
| *Video mit Begleitheft* | Slyomovics, Susan und Dargan, Amanda (Regisseurinnen): *Wedding Song – Henna Art Among Pakistani Women in New York City.* 1990 (gesponsert vom Queens Council on the Arts, Tel. 001-718-291-1100). |

Die Autorin und der Verlag möchten sich bei den vielen talentierten Fotografen und Fotografinnen bedanken, die ihre Zeit, Energie und Vision diesem Buch gewidmet haben. Ihre Arbeiten werden hier in der Reihenfolge ihres Erscheinens aufgelistet. Wir möchten uns auch bei *Magnum and Art Archives* bedanken, die uns zusätzliches Material zur Verfügung gestellt haben.

## Schwarz-Weiß-Fotos

| Künstler/in | Fotograf/in | Model | Seite |
|---|---|---|---|
| Jaimila El Alaoui | Tracey Eller | Jenny Liu | 13 |
| unbekannt | Marilyn Silverstone | | 19 |
| Loretta Roome | Jill Waterman | Margaret Bodell | 24 |
| Loretta Roome | Gordon Lang Kelly | Manuela Amzallag | 26 |
| Loretta Roome | Tracey Eller | Eric Feinstein | 34 |
| Loretta Roome | Tracey Eller | Dina Emerson | 36 |
| Loretta Roome | Huggie Foote | Lisa | 37 |
| Stephanie Rudloe | Tracey Eller | Randolyn Zinne | 40 |
| Jamila El Alaoui | Tracey Eller | Jenny Liu | 43 |
| Loretta Roome | Tracey Eller | Loretta Roome | 51 |
| Judy Ann Olson | Robert Tardio | Judy Ann Olson | 53 |
| Stephanie Rudloe | Jill Waterman | Julianne Swartz | 57 |
| Loretta Roome | Tracey Eller | Sandra Roger | 60 |
| Leigh Brown | Tracey Eller | Serena Jost | 65 |
| Loretta Roome | Gordon Lang Kelly | Mañuella Amzallag | 67 |
| Loretta Roome | Theo Coloumbe | Dina Emerson | 69 |
| Loretta Roome | Karl Steinbrenner | Audrey Davenport | 70 |
| Loretta Roome | Robert Tardio | Rabeah Ghaffari | 72 |

# DANKSAGUNG

Dieses Buch ist das Ergebnis jahrelanger harter Arbeit, des Talents und der Anstrengungen vieler Menschen. Ich möchte all den Künstlern und Künstlerinnen danken, die großzügig ihre Zeit und ihr Können teilten, die mir Rezepte und Techniken anvertrauten und mich ihre Arbeit für dieses Buch fotografieren ließen. Viele dieser Menschen gehören zum *Mehndi Project*, und ich erachte es als großes Privileg, Seite an Seite mit ihnen zu arbeiten. Ich möchte auch meiner ersten Lehrerin, Rani Patel, danken, mit der ich dieses Buch eigentlich schreiben wollte.

Das *Mehndi Project* nahm im August 1996 dank der Großzügigkeit und des Vertrauens der Galeriebesitzerin Margaret Bodell in der *Bridges + Bodell Gallery* seinen Anfang. Während der vierwöchigen Ausstellung von Fotos ließen sich Hunderte von Menschen aller Altersgruppen und Nationalitäten bemalen und lernten dabei die genaue Vorgehensweise kennen. Ich möchte all diesen Menschen danken, die dazu beitrugen, dieses Projekt voranzutreiben und der Henna-Körperbemalung im Westen eine neue Heimat zu schaffen.

Das *Mehndi Project* löste eine Welle internationaler Aufmerksamkeit aus, wodurch die Arbeit an diesem Buch fast unmöglich wurde, denn ständig war meine Zeit mit anderen Dingen belegt. Ohne die Hilfe von Eric Feinstein, Tracey Eller und Stephanie Rudloe wäre ich nicht in der Lage gewesen, dieses Buch zu schreiben. Ich möchte mich auch für die außergewöhnliche Unterstützung bedanken, die ich vom gesamten Team von *Witherspoon and Associates* erfahren habe, insbesondere von Maria Masse, die immer für mich da war. Ihre Freundlichkeit und ihre Professionalität haben mich zutiefst inspiriert. Außerdem danke ich meiner Lektorin Marian Lizzi, durch deren Geduld, Einfühlsamkeit und Diplomatie jede Phase dieser Arbeit angenehmer und leichter zu bewältigen war.

Den folgenden Personen möchte ich für ihre großzügigen Beiträge danken, mit denen sie mir bei der Arbeit an diesem Buch sehr geholfen haben: Margaret Bodell, Roy Kaufman, Mohamed Elmaarouf, Sterling Rome, Nishit Patel, Paul Maher, Carlos Sanches, Pamela Pollack, Henry Yee, Lucy Grealy, Jenny Dworkin, Michael Ackerman, Serena Jost, Vinnie Panizo, Sandra Rodger, Jamila El Alaoui, Sangeeta Patel, Urvi Patel, Robert Tardio, Susan Lentini, Frank Ockenfels, Jill Waterman, Karl Steinbrenner, Audrey Davenport, Theo Coloumbe, Gordon Lange-Kelley, Jessica Shokrian, Judy Ann Olson, Huggie Foote, Marilyn Cvitanic, Aziza Riad, Kim Leonart und Leigh Brown.

Ich möchte auch den folgenden Personen danken: Judith Hooper, Denise Kerr, Stephen Silverman, Gay Young, Dawn Davis, Latif, Kozmat Mohamed, Brahim Fribgae, Ruth Taveras, Suesan Stovall, Carrie Ashby, Dunya, Cybele Kaufman, Meagan Gannett, Kris Dikeman, Nancy Matsumoto, Jenny Liu, Manuella Amzallag, Lynelle George, Therese Gambacorta, Dina Emerson, Antoinette, Stephan Zaklin, Halima Taha, Nacer El Alaloui, Rick Mercuri, Ranuka Patel, Howard und Rosalind Feinstein, Jonathan Feinstein, Amadeo D'Amado, Hank Cochrane, Alison Rose Jefferson, Rabeah Ghaffari, Randolyn und Angus McCullough, den Leuten im Queens Council of the Arts, Park Slope Copy, Valerie's, Sordi's, Akbar und vor allem den Mitarbeitern und Mitarbeiterinnen des Community Bookstore in Park Slope, die mich mit Kaffee und Stille versorgt haben.

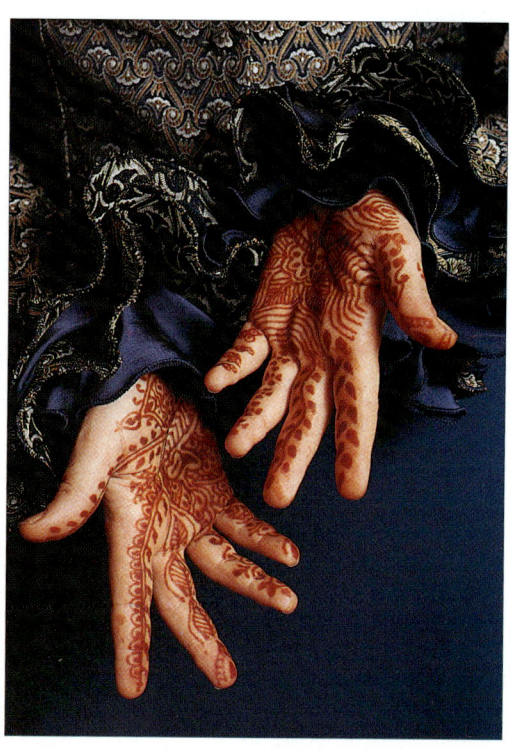

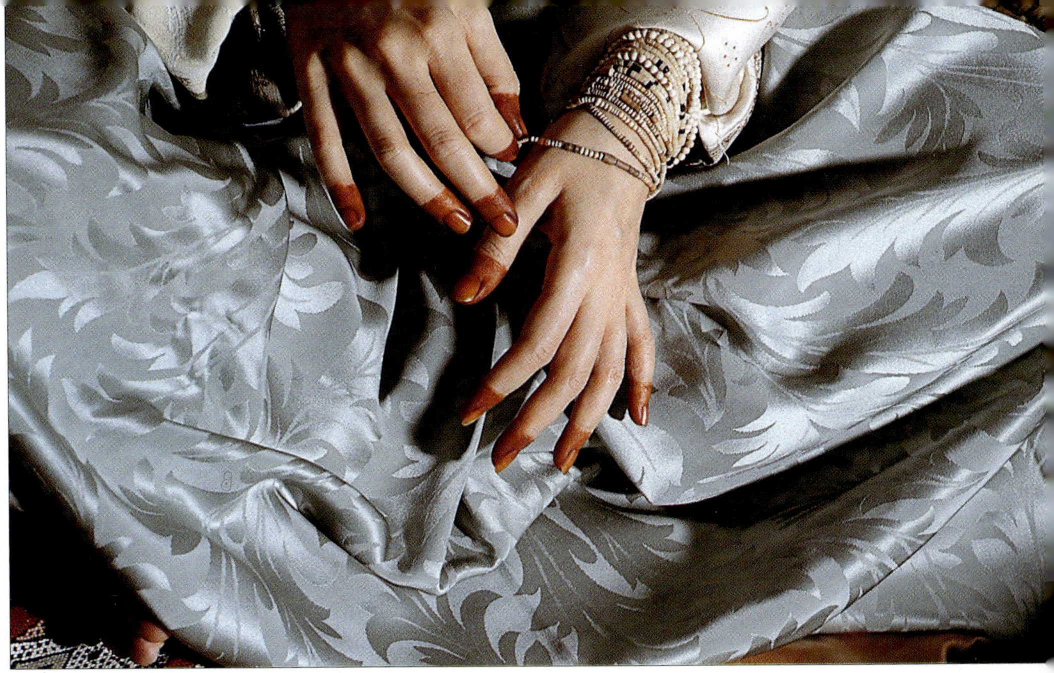

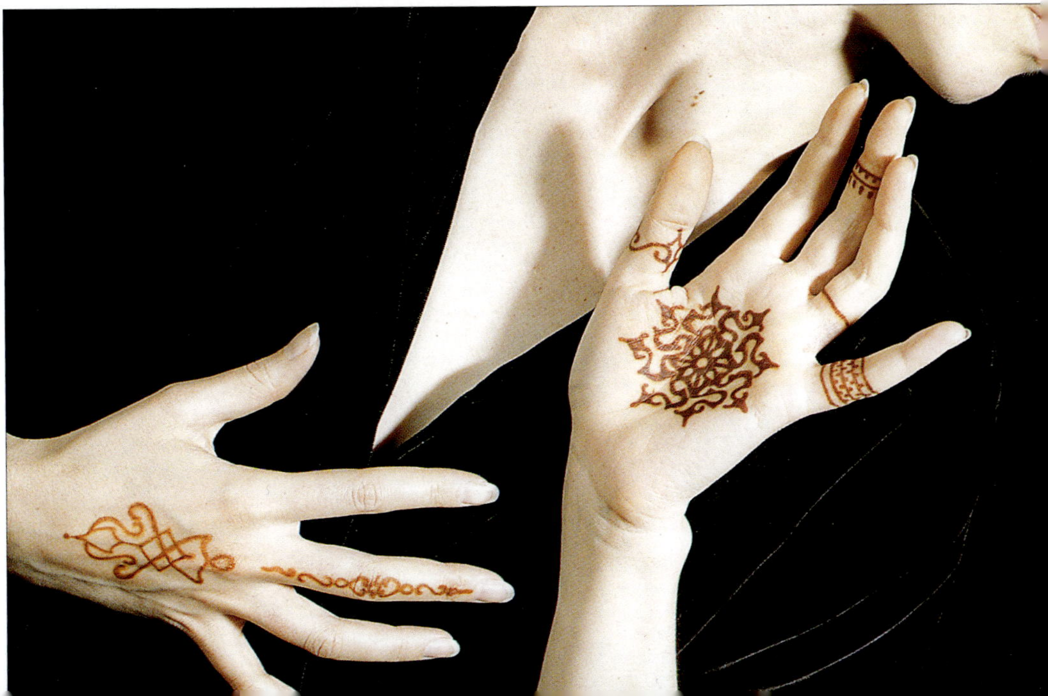

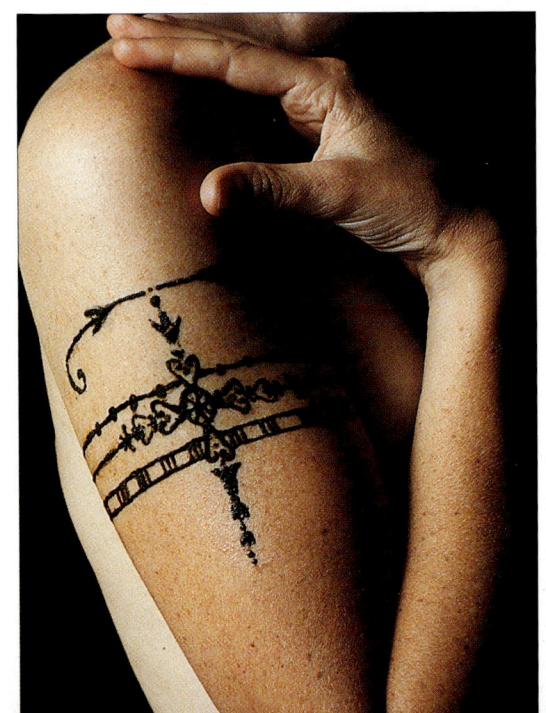

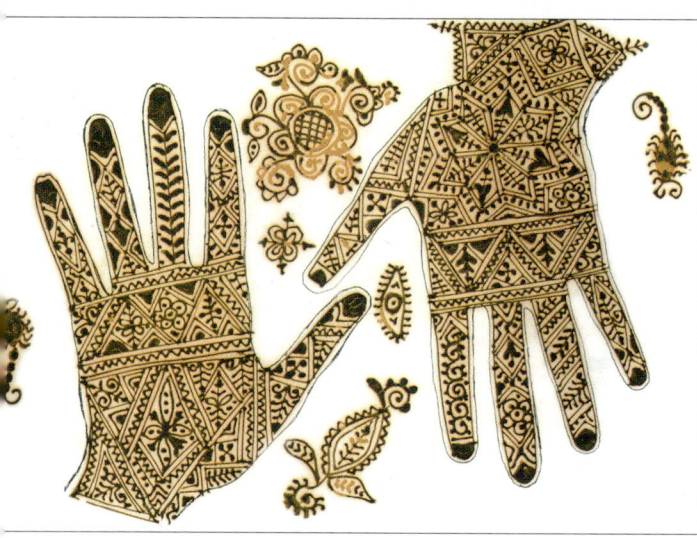

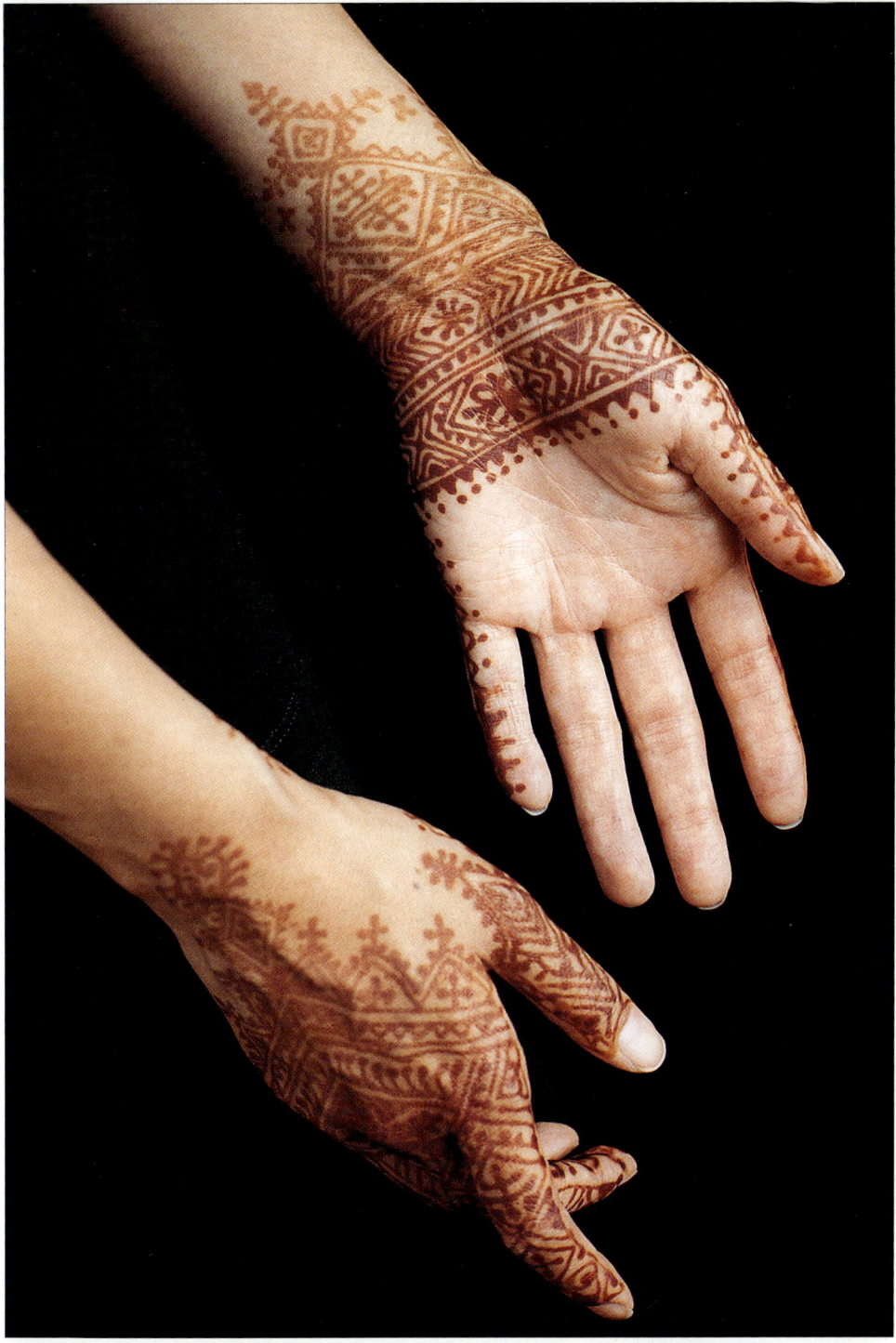

روز جوانیست و گل خزر عید و عیش کن